¡POR FIN LUNES! INTEGRANDO TRABAJO Y FE

John D. Beckett

¡POR FIN LUNES! INTEGRANDO TRABAJO Y FE

editorial clie

EDITORIAL CLIE
C/ Ferrocarril, 8
08232 VILADECAVALLS
(Barcelona) ESPAÑA
E-mail: libros@clie.es
http://www.clie.es

Originalmente publicado por InterVarsity Press como *Loving Monday* por John D. Beckett. Primera edición ©1998. Traducido e impreso con permiso de InterVarsity Press, P.O. Box 1400, Downers Grove, IL 60515, USA.

Traducido por Hugo Zelaya

¡POR FIN LUNES! Integrando trabajo y fe
ISBN: 978-84-8267-926-6
Depósito Legal: B-21874-2012
Clasifíquese: 680 - Sociedad y cristianismo
CTC: 02-09-0680-13
Referencia: 224839

Impreso en USA / Printed in USA

A Wendy

ÍNDICE GENERAL

Prólogo

Encontrarme con John Beckett hace varios años no fue coincidencia. En ese momento yo dirigía ACX Technologies, una importante empresa de artículos de consumo, en Colorado, que lleva el nombre de mi familia. El trabajo y la familia ocupaban la totalidad de mi tiempo mientras estaba despierto. Yo no era consciente de carecer de nada en particular en mi vida, hasta que Mike, una persona a quien había conocido en una reunión de la iglesia, me hizo una pregunta inesperada: «¿Quieres que pida algo por ti en mis oraciones?»

Las palabras «Necesito un amigo» salieron torpemente de mi boca.

Me sorprendió mi respuesta. Hasta ese momento nunca había pensado que necesitara un amigo. Después, Mike me llamó para sugerir que conociera a John Beckett, un hombre de negocios de Ohio. «Creo que ustedes dos van a congeniar», dijo.

Poco después, John y yo acordamos reunirnos un día para esquiar. Mike tenía razón. Nos llevamos bien y, desde ese momento, comenzó a florecer una amistad maravillosa. Teníamos muchas cosas en común, sobre todo nuestro deseo de ser buenos padres y maridos; más aún cuando manifestamos que ambos teníamos seis hijos. Y también descubrimos tener una misma pasión: administrar nuestros negocios de manera honorable y ejemplar.

Algunos años después, John me invitó a hablar en la celebración del cincuentenario de su empresa. Muy poco imaginé de lo que encontraría en esa primera visita a R. W. Beckett Corporation. Allí se encontraba una compañía cobijada en un bello asentamiento rural de Ohio, que fabricaba un producto para la calefacción del hogar, necesario, pero poco atractivo. No obstante, lo que observé en el temple del personal, la pasión por el trabajo y el esfuerzo por la búsqueda de la excelencia me causaron una honda impresión. Llegué a la conclusión de que esta era una empresa modelo que transmitía un entusiasmo extraordinario entre sus empleados: enfoques únicos en la producción, y políticas y prácticas duraderas y realistas que no estaban de moda, pero que se habían probado durante un tiempo. Comprendí lo mucho que podría aprender e incluso adaptar a nuestro negocio, mucho más grande y complejo.

Después de conocer a John, comencé a trabajar en la dirección de Graphic Packaging Corporation, una compañía inscrita en la Bolsa de Valores de Nueva York. John está en nuestra junta directiva, así que tenemos contacto frecuente y buenas oportunidades para compartir ideas, cambiar opiniones y levantarnos el ánimo mutuamente.

Como consecuencia de nuestra amistad y de nuestras ideas similares sobre los negocios, incluso hablábamos, de vez en cuando, acerca de escribir juntos un libro sobre la forma de integrar nuestra fe con el trabajo. La presión de mis negocios me impidió realizar un esfuerzo conjunto. Pero John mantuvo viva nuestra visión común y, mientras el manuscrito de *¡Por fin lunes! Integrando trabajo y fe* tomaba forma real, yo fui uno de los primeros a quien llamó para revisarlo y comentarlo. Cuando leí el primer borrador, supe que este libro se convertiría en una importante y singular aportación para la literatura del mundo empresarial.

En pocas páginas John ha captado la esencia de lo que los principios significan para una empresa: identifica la razón fundamental de dicho enfoque y nos da la esperanza de poder ejercer un impacto considerable en la vida de muchas personas por medio del campo de actividad de nuestro trabajo. *¡Por fin lunes! Integrando trabajo y fe* no fue escrito como lo haría un profesor universitario, un teólogo o un asesor. Se escribió desde las trincheras por alguien que ha experimentado de primera mano los enormes retos y las recompensas que puede producir una vida empresarial. Está escrito con un estilo sencillo, llano, directo y alegre y su contenido está lleno de profundos conocimientos. El libro revela con exactitud el corazón del hombre que conozco tan bien como amigo y motivador.

Como yo, creo que usted se dará cuenta de que *¡Por fin lunes! Integrando trabajo y fe* es un depósito de la clase de sabiduría práctica y oportuna que le permitirá contemplar su trabajo de una nueva forma. Confío en que también le inspire a encontrar un nuevo significado y la satisfacción en su trabajo, del mismo modo que John me ha inspirado a mí a lo largo de los años.

Jeffrey H. Coors,
presidente ejecutivo de
Graphic Packaging Corporation.

Prefacio: Café y una bolsa de maní

Palabras, principios, verdad.

Palabras. Demasiadas palabras. Estamos ahogándonos en ellas.

Principios. Abundan en los estantes de todas las librerías de los aeropuertos.

Verdad. Cada día se hace más difícil encontrarla.

Pero cuando la encontramos, la verdad es como la luz de un faro que penetra la noche cargada de niebla, advirtiéndonos, como a un capitán de barco, de traicioneros bancos de arena, y nos guía hacia puerto seguro.

Los negocios son como un viaje por mar, lleno de promesas, pero también de desafíos. Mi objetivo, en este libro, es ayudar a enfocar la luz del faro durante el viaje.

Nos moveremos con rapidez. Sé que usted es una persona ocupada, por lo que mi meta es que logre asimilar este libro en dos viajes de avión, de noventa minutos cada uno. Y eso con café y una bolsa de maní.

Cuando mis amigos supieron que lo estaba escribiendo me aconsejaron que me asegurase de definir mis lectores.

Tardé un momento, pero ahora creo que sé quién es usted.

- Está en el mundo de los negocios.
- O quiere estarlo alguna vez.
- Es una persona de principios.
- Quiere que su empresa, su profesión y el mundo sean mejores porque usted ha estado allí.
- Es una persona escudriñadora, no se contenta con quedarse donde está.

Llegará a conocerme más, pero para empezar:

- Soy un hombre de negocios.
- Soy una persona de principios.
- Quiero conocer las verdades fundamentales y aplicarlas totalmente en mi trabajo.
- Estoy deseoso de compartir lo que he aprendido, con la percepción de que todavía estoy aprendiendo.

Una cosa más: usted verá por qué, en realidad, me gustan los lunes.

Una meta más: me dará mucho gusto si este libro se convierte en su amigo, si le proporciona esperanza, valor y una visión fresca para colocar el mundo del trabajo al lado de las verdades eternas.

Reconocimiento

Agradezco la ayuda que muchas personas me prestaron para escribir este libro. Estas son algunas de ellas:

Mi querida esposa Wendy, quien no solo dio a luz a nuestros seis maravillosos hijos, sino que fue paciente conmigo durante la redacción de este libro. (La presión de escribir nos puede volver muy fastidiosos).

Dick Leggatt, hábil editor cuya persistencia y estímulo fueron de inestimable valor.

Los empleados de nuestra corporación, quienes realizaron muy bien su trabajo en mi ausencia, mientras yo me ocupaba de este proyecto.

... Y mi perro, que se conformó con unos paseos más cortos por la mañana.

Introducción: El plan de vuelo

Este es el plan de vuelo para *¡Por fin lunes! Integrando trabajo y fe.*

El libro se divide en cuatro partes principales: «Fundamentos», «Panorama general», «Aplicaciones» y «Resumen».

En la primera parte, «Fundamentos», comparto algunas experiencias personales, retos únicos que resultaron esenciales, y que a menudo revelaron verdades sumamente importantes. En general, estas apreciaciones no llegaron en grandes dosis, sino en pedacitos pequeños que, con el paso del tiempo, completaron el rompecabezas. Causaron en mí un profundo impacto: forjaron mi visión de la vida y produjeron el fervor hacia los negocios.

En la segunda parte, «Panorama general», emprendemos un breve recorrido filosófico, a fin de considerar la cultura occidental, a través de dos ventanas claramente diferenciadas. Mediante la primera, vemos el trabajo desasociado de la fe; en gran medida, como si fueran dos mundos separados. Pero, a través de la segunda ventana, el trabajo no se encuentra en un mundo aparte de la fe, sino que ambos están bien integrados y son decididamente compatibles.

En la tercera parte, «Aplicaciones», consideramos algunas formas específicas en las que es posible integrar las verdades fundamentales en cada aspecto de la vida diaria, en especial en el trabajo. La característica distintiva de estas verdades es que están arraigadas en la Biblia, a la que he llegado a aceptar como un recurso sorprendente, de gran relevancia para los negocios: ha superado la prueba del tiempo y sigue manifestando su vigencia en la actualidad.

La cuarta parte, «Resumen», relaciona los conceptos claves y describe las implicaciones para nosotros, como individuos, en el mundo empresarial.

Como dice mi amigo Jeff Coors en el prólogo, este libro no es teórico; está completamente arraigado en la vida real. El telón de fondo de lo que usted leerá es mi propia experiencia, adquirida a lo largo de casi cuatro decenios en el mundo del trabajo. Pero, si bien las historias le dan sabor, este no es un libro acerca de mí. Ni es un libro de métodos y técnicas que le enseñen a aplicar estos principios, en cuatro pasos, para luego observar lo que ocurre. Más bien, es un libro para fijar con firmeza algunos principios básicos y para abrirnos a formas diferentes de pensar. Es un libro para ayudarnos a apreciar el valor práctico de aplicar los valores fundamentales en los negocios y en nuestras ocupaciones.

Estoy convencido de que la verdad, correctamente aplicada, produce resultados. Usted encontrará formas nuevas y frescas de llenar de energía y significado sus actividades diarias. Los clientes lo notarán y los compañeros de trabajo apreciarán la diferencia. ¡Incluso puede provocar una sonrisa en la cara de su contable!

Entonces, abróchese el cinturón de seguridad. Antes de que se dé cuenta, la azafata llegará por el pasillo, revisando bandejas y respaldares, y usted estará cerrando este libro, listo para la próxima tarea estimulante.

PRIMERA PARTE

Fundamentos

1
Bajo la lupa de Peter Jennings[1]

—¡De ninguna manera! —pensé—. No permitiré que ABC News se inmiscuya en los asuntos de R. W. Beckett Corporation, nos grabe durante mucho tiempo, seleccione extractos de la conversación ni diga lo que quiera acerca de nosotros en la televisión nacional.

Así se desarrollaba mi razonamiento cuando colgué el teléfono tras la llamada telefónica del centro de operaciones de ABC News en Nueva York. Después de todo, ¿no me habían dicho que estaban considerando otras compañías para la presentación de fondo? ¿Por qué nosotros? Solo sería una intrusión; pero ¿con qué beneficios? A decir verdad, una forma equivocada de cobertura podría resultar perjudicial.

Hacía un año que el equipo de noticias se había enterado de la existencia de Beckett Corporation. Yo había encabezado una campaña nacional, que estaba en desacuerdo con la Comisión de Igualdad de Oportunidades de Empleo (CIOE), después de que la agencia publicara una normativa que, según el criterio de muchos de nosotros, restringiría la libertad de culto en el lugar de trabajo, como el derecho de pegar carteles para anunciar un acontecimiento religioso o cantar villancicos en una cena de la compañía. Los noticiarios nacionales habían emitido reportajes sobre la controversia resultante. Ahora ABC News estaba dando seguimiento a nuestra compañía y quería ahondar más en cómo estábamos relacionando nuestra fe con la ejecución de las prácticas comerciales.

Sabía, por experiencias anteriores con los medios de comunicación, que necesitaba ser cauteloso. Recordé que, un tiempo atrás, una revista regional publicó un reportaje satírico sobre nuestra compañía que ridiculizaba parte de nuestros valores más importantes. ¡En la portada figuraba una caricatura mía, píamente vestido con una túnica y un halo! ¡No era precisamente la imagen más cautivadora de un director ejecutivo ante la comunidad empresarial del gran Cleveland! No quería que algo parecido ocurriera otra vez, y menos ante los espectadores de una televisión nacional.

Pero la ABC necesitaba una respuesta inmediata. Y a pesar de mi renuencia a aceptar su propuesta, algo que había ocurrido temprano aquel

1. Peter Jennings fue presentador de un noticiario de abc World News, en los Estados Unidos, de 1983 a 2005. N. del T.

mismo día me tranquilizó. En una reunión de planificación con el equipo de los altos directivos, había hablado acerca de cómo podríamos lograr un mayor impacto en el mercado promocionando nuestros valores fundamentales, como la integridad y la excelencia, por ejemplo. Me había referido a un versículo de la Biblia que habla de ser la sal y la luz del mundo, «una ciudad asentada sobre un monte [que] no se puede esconder». Según aquella discusión, pensé que sería hipócrita no considerar en serio la petición de la ABC. No esparciríamos mucha sal ni arrojaríamos mucha luz si no le dábamos la bienvenida a Peter Jennings, el presentador de noticias con mayor audiencia de los Estados Unidos.

Al día siguiente de nuestra respuesta afirmativa, el equipo de las noticias de la ABC arribó a la compañía: un equipo de camarógrafos de Chicago, un productor de Nueva York y Peggy Wehmeyer, una corresponsal de Dallas.

La grabación

—Necesitaremos estar aquí dos días —dijo Peggy—. Nuestro equipo podría grabar como quince horas para lograr un segmento de tres minutos de noticia. Habrá que ver toda la operación, hablar con los empleados, con algunos de los clientes y proveedores, y con algunas personas de la comunidad. Queremos hablar de su política y su práctica en los negocios. Tenemos que entrevistarlo a usted.

Podía sentir el nudo que se apretaba en mi estómago.

—Dígame otra vez lo que están buscando —dije yo, medio esperando que cambiaran de intención.

—Entendemos que usted cree que su fe tiene que ver con la manera de hacer negocios —respondió Peggy—. Nos gustaría ver la prueba en lo que ustedes hacen. ¿Cómo está afectando a la vida de las personas? ¿En qué los ha hecho diferentes de los otros negocios de la localidad?

No había forma de volverse atrás. Estábamos comprometidos a salir de este arriesgado pero emocionante trance, en el que expondríamos la compañía, nuestras creencias y nuestra reputación bajo la lupa de la ABC. A pesar de mis aprensiones, sentí que estábamos haciendo lo correcto.

—Peggy —dije—, seremos muy francos con usted; le mostraremos todo lo que desee ver y dejaremos que hable con quien le plazca; pero quiero pedirle un favor: como usted sabe, mucho puede cambiar entre lo que grabe ahora y la versión final de este reportaje. La historia se puede presentar de muchas formas diferentes. Todo lo que le pido es una reseña honesta e imparcial sobre quiénes somos y en qué creemos.

—John, lo haré lo mejor que pueda —respondió Peggy—. Pero la decisión final es de Peter. Es mi jefe y él es, en realidad, quien dirige el programa.

Hora del programa

La noche del reportaje, mi esposa Wendy y yo contuvimos el aliento mientras Peter Jennings establecía contacto con sus doce millones de espectadores invisibles:

«Iniciamos otra temporada de *Agenda estadounidense*, y este septiembre comenzaremos con nuestra corresponsal de temas religiosos, Peggy Wehmeyer. A nuestro juicio, hacia cualquier dirección que usted se dirija actualmente en Estados Unidos, encontrará a millones de personas que están buscando un mayor significado en la vida. Esta noche vamos a concentrarnos en la creciente tendencia de intentar que la fe personal de algunos hombres de negocios incida en sus empresas. En otras palabras, están usando la Biblia como una guía para los negocios».

—Vaya... ese es un buen comienzo —le dije a Wendy, mientras me acomodaba ligeramente en el sofá de nuestra sala de estar.

La voz de Peggy entró en la primera sección:

«Nancy Borer, una trabajadora de la línea de ensamblaje, está disfrutando de una licencia de seis meses por maternidad, con paga parcial. Además de eso, su empleador le ofreció un permiso extraordinario de tres años para que pudiera criar a sus hijos. Eric Hess ensamblaba quemadores de petróleo, hasta que su empleador lo envió a la escuela, pagando el costo de la enseñanza que ascendía a mil quinientos dólares. Ahora es el supervisor de la planta.

»El hombre que proporcionó estas extraordinarias oportunidades a Nancy y a Eric, es John Beckett, un exitoso fabricante de Ohio que se toma muy en serio el trabajo y la fe».

Muy bien hasta aquí. Pero en el siguiente plano me sobresalté. No, no se trataba de un vídeo casero. Estaba en televisión nacional, y la cara que estaba en la pantalla del televisor era la mía.

En aquel momento recordé la entrevista de una hora que Peggy me había hecho en la oficina. Mientras un cámara metía el cable del micrófono debajo de mi camisa, Peggy había charlado sobre el nuevo libro de Laura Nash, *Believers in Business* (*Creyentes en los negocios*), que ella había ojeado durante su vuelo, aquella mañana.

—¡El libro es genial! —había comentado—. Identifica siete causas de conflicto que la Dra. Nash descubrió en las entrevistas que mantuvo con sesenta empresarios y empresarias pertenecientes a la fe evangélica; conflictos entre el camino de la fe y el mundo práctico de los negocios. Un ejemplo es el conflicto entre apoyar a los empleados durante una época de recesión o velar por las ganancias netas de la compañía.

La vi venir. «Apuesto a que va a preguntarme sobre un asunto que le llevó dos años investigar a la Dra. Nash y Peggy pretenderá que yo le responda con elocuencia», pensé.

¡Y eso fue precisamente lo que hizo!

Una de aquellas preguntas tenía que ver con el propósito de mi vida. Mientras veía el reportaje, escuché la respuesta a aquella pregunta que había efectuado antes del corte final:

—Mi misión principal en la vida es conocer la voluntad de Dios y cumplirla.

Tragué saliva y le dije a Wendy:

—Acabas de presenciar un milagro: de toda la desordenada mezcla de respuestas que di bajo la presión de esa entrevista, Peggy extrapoló, en una breve frase, mi aspiración principal en la vida.

El resto del reportaje se realizó estupendamente. La integridad de la compañía, el entusiasmo de los empleados y la relevancia de nuestros valores de fondo en el mundo del trabajo diario se plantearon de una manera clara y convincente.

Peggy concluyó su comentario observando que, para nuestra compañía y para un creciente número de personas del mundo empresarial, «las recompensas perdurables no pueden cuantificarse en dólares... la satisfacción proviene de levantar una empresa sin vender el alma».

El reportaje, inusualmente positivo, resonó como una cuerda receptiva en los espectadores, y así se lo hicieron saber a la ABC. Peggy me llamó aquella noche para decirme que el programa había motivado el mayor número de llamadas telefónicas favorables jamás recibido en un programa de noticias.

Nos habían puesto bajo la lupa de Peter Jennings. Lo que él encontró, aunque de manera muy imperfecta, fue una fábrica del norte de Ohio donde la fe y el trabajo no se excluían entre sí, sino que coexistían notablemente bien.

Lo que él no sabía era que, cuando aquella noche concluyó el programa, un muy aliviado empresario, todavía sentado en el sofá, le dio un beso a su esposa y le dijo:

—¡Querida, creo que hoy dormiré muy bien!

2

Compañeros para toda la vida

«Están usando La Biblia como una guía para los negocios». Así resumió Peter Jennings la descripción de una pequeña pero creciente tendencia en el mundo laboral de los Estados Unidos. Y el hecho de que nuestra compañía forme parte de tal tendencia resulta gratificante. Sin embargo, nunca habría ocurrido si mi vida hubiera tomado un rumbo diferente en algunas ocasiones claves.

Crecí en Elyria, Ohio, un pequeño pueblo industrializado cerca de Cleveland. Mis padres, originalmente de Canadá, se habían mudado allí porque a mi padre le habían ofrecido un puesto de ingeniero en una compañía de la industria de la calefacción. Yo nací poco después, en 1938. A mediados de los años cuarenta tenía dos hermanas menores, Beverly y Susan.

Mis padres eran personas de principios muy arraigados que expresaban su amor, en parte, haciendo que mis hermanas y yo cumpliéramos con unas normas estrictas. Cuando sobrepasábamos los límites, tenían alguna forma extraña de enterarse. Asistíamos a la iglesia episcopal con bastante regularidad, pero los domingos estaban desconectados en gran medida del resto de mi mundo.

Durante los años de adolescencia, mis padres me regalaron una hermosa Biblia con cubierta de cuero negro y páginas de bordes dorados. Me estaba relacionando con un problemático grupo de amigos y supongo que pensaron que podría ayudarme.

Con buena intención, comencé a leer la nueva Biblia por el capítulo uno de Génesis. (¿No es así como se lee un libro?). Pero cuando llegué a las genealogías y a las reglas y regulaciones detalladas por Moisés, me quedé atascado. Al poco tiempo decidí que este libro no era pertinente para el mundo de mis amigos, los estudios, las citas con las chicas ni para los deportes. Mi relación con la Biblia se redujo a eso durante varios años.

Wendy

Entonces, durante el verano después de mi primer año de universidad, conocí a Wendy. Ocurrió el día que entré a Portage Store, una pequeña tienda de comestibles para campistas y excursionistas del Parque Algonquin, en los bosques del norte de Canadá. Mi intención era comprar leche y un periódico. Pero me deslumbró tanto la bella joven canadiense que me atendió que abandoné la tienda en la niebla y olvidé por completo el periódico que había ido a comprar.

Descubrí que Wendy trabajaba como dependienta en la tienda de comestibles durante el verano, con el fin de ganar dinero para pagar la matrícula en la Universidad de Toronto en otoño. Resultó que nuestras familias habían alquilado unas cabañas en el cercano Smoke Lake. Cuando fui a visitar a Wendy por primera vez a la casa de campo de su familia, la encontré tomando el sol en el muelle, leyendo la Biblia.

—¡Nadie lee la Biblia en vacaciones! —pensé.

Pero aunque estaba intrigado por la elección del material de lectura, ese no era mi centro de atracción. Me encontré cautivado por los vivos ojos de Wendy, por su cautivadora sonrisa y porque a ella le gustaba el campo abierto. No pasó mucho tiempo antes de aceptar que me había impactado y que me estaba enamorando de ella. ¡Estoy seguro de que mis padres estaban asombrados y complacidos por mi avidez para hacer las compras en la tienda de comestibles Portage Store el resto de aquel verano!

En otoño, cuando regresé a Boston para cursar el segundo año de Ingeniería en el Instituto Tecnológico de Massachusetts (MIT), me di cuenta de que me era especialmente difícil concentrarme en el cálculo y la física. Wendy estaba de continuo en mi pensamiento. Con ansia revisaba el correo, cada día, buscando en las cartas cualquier pista, por pequeña que fuera, de que mis sentimientos hacia ella eran recíprocos. Una visita a su casa de Toronto la siguiente Navidad me confirmó que ella también se estaba enamorando y, de allí en adelante, nuestra relación se convirtió en lo más importante de mi vida.

Durante los siguientes cuatro años, estuvimos juntos en todas las ocasiones posibles, sobre todo durante los veranos. Permanecíamos en comunicación a través de un constante intercambio de cartas en las que, con franqueza, compartíamos nuestros pensamientos y sentimientos (más fácil por correo que en persona, quizá). La creciente perspectiva de matrimonio provocó que todo lo demás pareciera secundario; pero, a regañadientes, concluimos que era importante para ambos que antes termináramos la universidad.

Mi trabajo con Max

Cuando me gradué, acepté un puesto de ingeniero en Lear-Romec, una firma aeroespacial localizada en mi pueblo natal. Allí trabajé bajo la supervisión de Max Utterback, en un departamento que estaba a cargo del diseño y desarrollo de sistemas de dirección para los misiles y aeronaves.

Max era más que un jefe para mí: era mi mentor. Pasábamos horas enteras buscando formas en que se pudieran usar impulsos eléctricos, muy pequeños, para posicionar los enormes cohetes propulsores que se usaban para lanzar las naves espaciales hacia blancos precisos del espacio exterior. Pero nuestras conversaciones versaban sobre algo más que asuntos técnicos. De la experiencia y sabiduría de Max adquirí nuevas y profundas percepciones sobre la forma en que la integridad y el trato justo ocupaban un lugar en las decisiones comerciales, grandes y pequeñas. Max se había criado en un hogar donde la Biblia se respetaba y se leía con regularidad, y no podía dejar de preguntarme si sus sólidos valores éticos y su buen sentido común se debían, de algún modo, a la influencia de ese libro.

Wendy y yo nos casamos algunos meses después de su graduación en 1961. Para nuestra luna de miel, al final del verano, regresamos a nuestro querido Parque Algonquin, esta vez para realizar un viaje en canoa de ciento veinte kilómetros, remando a través de lagos apartados y atravesando trayectos escabrosos por tierra.

Nos establecimos en un modesto apartamento de Elyria, cerca de mi trabajo. A Wendy la contrataron para enseñar francés en la escuela primaria de la localidad. Nos integramos en la sección de violines de una pequeña orquesta de la comunidad y asistíamos a la iglesia episcopal del lugar. Vivíamos cerca de mis padres, a quienes veíamos con frecuencia. Al año de casados, nació nuestra primera hija, Kirsten. Tomando todo en consideración, estábamos convencidos de que la vida no podía ser más feliz. Para nosotros, Ohio era nuestro Camelot[2], al menos por el momento.

Ese libro enigmático otra vez

Durante nuestro noviazgo, y después en el matrimonio, noté que Wendy continuaba leyendo su gastada Biblia. Pero, a pesar de su ejemplo, yo no podía entusiasmarme con este enigmático libro. Lo intentaba de vez en cuando, quitando el polvo del fino volumen que mis padres me habían regalado, pero no me parecía pertinente. Una y otra vez lo apartaba a un lado. Al final, el momento decisivo llegó en forma de reto.

Por invitación de un amigo, Wendy y yo asistimos a unas charlas que dio un conferenciante que basaba sus enseñanzas en los principios bíblicos y su aplicación en la vida cotidiana. Un día nos propuso un reto a los participantes de la charla. «Voy a solicitarles que hagan algo —dijo—. Les

2. Camelot. Lugar de felicidad idílica del reino del legendario rey Arturo. Nombre aplicado a la presidencia de John F. Kennedy (1961-1963) por su esposa, Jacqueline Bouvier Kennedy. N. del T.

pido que establezcan el compromiso, entre ustedes y el Señor, de leer la Biblia todos los días, por lo menos cinco minutos».

Me gustan los retos, y lo acepté.

Al principio, leer la Biblia todos los días era pura disciplina. A veces me metía en la cama y me daba cuenta de que había olvidado leerla ese día. Me levantaba, encendía la luz, me frotaba los ojos para mantenerme despierto y leía mis cinco minutos. Pero el ejercicio obediente continuó. A diferencia de anteriores esfuerzos, cuando comencé con el Antiguo Testamento, encontré que era más pertinente leer los evangelios y las epístolas del Nuevo Testamento. Con el tiempo, la disciplina se convirtió en un deleite. Comencé a leer las Escrituras a primera hora de la mañana (varié mi rutina a un momento en el que estuviera más alerta): no solo ahorré electricidad, sino que me ayudó a alimentar la mente y el espíritu durante todo el día.

Para sorpresa mía, la muy descuidada Biblia negra de mis padres estaba cobrando vida. Me maravilló descubrir cuán a menudo algún texto que había leído hacía poco podía aplicarse a una situación a la que me estaba enfrentando. De un modo imperceptible comencé a ver las cosas de manera diferente, en tanto que las ideas y los conceptos de las Escrituras comenzaban a formar mis pensamientos y mis actitudes.

Apenas me daba cuenta de lo oportuna que resultaría esa nueva ayuda de la Biblia, pues nuestro pequeño Camelot estaba a punto de derrumbarse. Pronto encontraríamos dificultades que nos dejarían tambaleando, y que a mí me obligarían a buscar respuestas críticas a preguntas desconcertantes.

3
Problemas en Camelot

La invitación de mi padre para unirme a su pequeña fábrica me tomó completamente por sorpresa. Ocurrió una noche que Wendy y yo cenábamos en casa de mis padres.

—John —dijo mi padre de forma casual—, Fitz ha sido mi socio en el negocio durante más de veinticinco años. Va a jubilarse pronto. ¿Te gustaría unirte a mí en la empresa?

Quedé también sorprendido de mi respuesta:

—Papá, en realidad no he pensado demasiado acerca de eso, pero me suena muy bien. Sí, estaría muy contento de unirme a ti.

A decir verdad, tenía algunas dudas acerca de abandonar la fascinante industria aeroespacial de alta tecnología. La exploración del espacio exterior caminaba a la vanguardia tecnológica, y había sido emocionante estar en medio de ella durante más de tres años. En contraste, sabía que R. W. Beckett Corporation contaba con pocos clientes, empleaba solo a doce personas, y apenas había sobrevivido a algunas graves dificultades a lo largo de los años. Pero la perspectiva de trabajar junto con mi padre era irresistible.

Mi padre había fundado la empresa hacía veinticinco años, en el sótano de su casa. En 1937, en las postrimerías de la gran depresión, el único «capital» de mi padre había consistido en una firme determinación por diseñar y construir un quemador de petróleo superior para los sistemas de calefacción para el hogar e industriales. Poco tiempo después estalló la segunda guerra mundial y los productos primarios críticos se desviaron hacia los esfuerzos de la guerra. La producción del quemador se detuvo. Para sobrevivir, la compañía entró en el negocio de los aislantes térmicos para los hogares.

Los años de la postguerra resultaron excelentes para el negocio de quemadores de petróleo de mi padre, conforme una multitud de propietarios de viviendas iban reemplazando el carbón por el sistema de calefacción con petróleo. En 1951, mi padre pudo cumplir el sueño de toda su vida: construir su propia planta manufacturera en un atractivo contexto rural, justo a las afueras de Elyria. No obstante, en poco tiempo la competencia procedente de la industria del gas natural, afectó de forma grave al negocio y, durante varios años, mi padre se desanimó ante la perspectiva, a largo plazo, de que no volviera la preferencia por la calefacción con petróleo. Pero entonces, a finales de los años cincuenta, se sacudió el desánimo y, con una tenaz determinación, diseñó un nuevo y más competitivo quemador de petróleo. De manera progresiva las ventas comenzaron a mejorar. Pero mi padre sabía, cuando me pidió que me uniera a él a fines de 1963, que se necesitarían sus mejores esfuerzos, y los míos, para reconstruir la empresa con solidez. No obstante, le dimos la bienvenida al reto y, en especial, a la oportunidad de colaborar. ¡Me entusiasmé cuando descubrí que celebraba los lunes aún más en una fábrica de quemadores de petróleo que en el sector aeroespacial!

El desmoronamiento de Camelot

Días antes de empezar en Beckett, la noticia de que el presidente John F. Kennedy había sido asesinado cuando la comitiva presidencial circulaba por las calles de Dallas sacudió la nación. Lo inconcebible había ocurrido y, de la noche a la mañana, las personas de todo el mundo presenciaron un fin violento, del mismo tipo que estábamos a punto de vivir en Camelot.

El Camelot de nuestra pequeña familia también se desplomó por una sucesión de golpes contra nuestra feliz y segura vida. Primero, nuestra hija contrajo gastroenteritis, una enfermedad intestinal que provoca una deshidratación aguda. Para muchas criaturas esta condición resulta fatal. Pero, gracias a Dios y a una asistencia médica sobresaliente, se salvó la vida de Kirsten. Después, la madre de Wendy sucumbió después de una difícil y dolorosa batalla contra el cáncer. En su casa de verano, una encantadora y talentosa mujer, la señora Hunt, había sufrido una caída cuya consecuencia fue una lesión en la espalda que devino en un tumor maligno, que, con el tiempo, resultó fatal.

A pesar de esas circunstancias, a mi padre y a mí nos daba mucho gusto estar trabajando juntos. Me convertí en un entusiasta pasante que aprendía bajo su mano orientadora y experimentada. Visualizaba los años venideros en los cuales extraería todo lo posible de su sabiduría y su experiencia. Quizá sucediera un día, pero solo cuando él y yo estuviéramos listos.

Aquel sueño se hizo pedazos cuando una fría mañana de sábado recibí una llamada telefónica de la policía de la ciudad. Quedé aturdido, mudo y sin aliento mientras recibía el informe de que habían encontrado a mi padre desplomado sobre el volante de su automóvil, víctima de un aparente ataque al corazón.

«¿Cómo puede ser? —pensé, confundido por completo—. ¡Solo iba a su trabajo! Se suponía que trabajaríamos juntos en ese nuevo proyecto, más o menos dentro de una hora…».

Mi padre tenía sesenta y siete años y, aparentemente, una buena salud. Disfrutaba de su trabajo y creo que, si le hubieran dado a escoger, habría preferido irse como lo hizo, «con las botas puestas». Pero para mí, a la edad de veintiséis años, la noticia de su muerte supuso una realidad abrumadora que no tenía idea de cómo manejar.

Más tarde me enteré por otras personas de cuántas esperanzas había depositado mi padre en que yo le sucediera, aunque nunca me lo dejó saber. Tan sutil había sido en su intención que fácilmente pude haber perdido la oportunidad y decir que no a su invitación de trabajar con él. El resultado de aquel año en que mi padre y yo trabajamos juntos fue el más importante de mi floreciente carrera.

Durante aquel breve período mi apreciación sobre él cambió: de ver a una persona severa y estricta en la disciplina, a considerarlo mi mentor y amigo. Me abrió su corazón y su expansiva mente, y me enseñó en meses lo que pudo haber requerido años en otro ambiente de trabajo. La amplitud y profundidad de sus enormes capacidades me hubieran asombrado durante diez años más, pero un año junto con mi padre tendría que ser suficiente. Su muerte supuso el recordatorio más profundo de que el futuro era incierto y de que necesitaría recursos muy superiores a los míos propios para afrontar los retos que con toda seguridad encontraría.

En aquel entonces, yo no tenía un concepto amplio de la fe en la cual apoyarme. Apenas comenzaba a comprender la ayuda que la Biblia puede proporcionar. Más allá de eso, mi único vínculo con la «asistencia divina» se manifestaba a través de la confianza de Wendy y de mi madre, una confianza en que Dios es soberano de todas las cosas, incluyendo la inexplicable pérdida de mi padre.

Pero ese vestigio de fe, aunque débil, me impulsó a buscar la ayuda sustentadora que necesitaba. Di algunos pasos vacilantes en el acto de ofrecer oraciones, sin tener nada claro cómo serían contestadas. Pero, gracias a Dios, hubo respuestas.

Ánimo en la crisis

El primer asunto que pude resolver fue la inquietante decisión entre mantener o vender la compañía. Las ofertas para comprar Beckett Corporation llegaban de entidades más grandes, y sentía que debía tomarlas en serio. Si conservaba la empresa y daba un paso en falso, todo por lo que mis padres habían trabajado, incluyendo el bienestar financiero de mi madre, se habría perdido. Mi madre tomó la iniciativa para eliminar esta preocupación.

—John —me dijo—, en realidad tengo confianza en que puedas hacerlo. Y si no funciona, no te preocupes por mí. Hemos vivido con muy poco antes y podemos hacerlo nuevamente, si fuera necesario.

Con su incondicional apoyo y una serena percepción de que mantener la compañía en la familia era lo que se debía hacer, decidí rechazar las ofertas y hacer todo lo posible para que la empresa tuviera éxito.

Un segundo asunto crítico se resolvió con una garantía que recibí sin solicitarla. El director de ingeniería de nuestro principal cliente expresó la intención de su firma de continuar comprando nuestros quemadores de petróleo. Su compañía fácilmente pudo haber decidido comprar quemadores a cualquier proveedor más grande y más estable. Aún ahora es difícil imaginar el impacto que hubiera supuesto si hubiéramos perdido aquella cuenta tan extremadamente importante, que representaba las dos terceras partes de nuestra producción. Bien pudo haber sido el final del camino para la Beckett Corporation.

Una respuesta adicional a mis vacilantes (pero fervientes) oraciones solicitando ayuda, llegó en forma de una persona: Bob Cook. Supe, desde el principio, que necesitaría a un buen ejecutivo para que me ayudara a sustentar y fortalecer la empresa. Bob se ajustaba ampliamente a ese perfil y pronto se convirtió en nuestro vicepresidente. Juntos hemos forjado una estrecha relación que ha perdurado a lo largo de más de tres décadas.

Me maravillé cuando me di cuenta de que, en contraste con la sombría pérdida de papá, en cuestión de semanas habíamos visto una enorme provisión y la satisfacción de tantas necesidades específicas.

«Sin duda estamos fuera de peligro ahora —recuerdo haber pensado—. A pesar de todo lo que ha ocurrido, podemos dedicar todas nuestras energías a levantar el negocio».

Pero, por asombroso que parezca, en el plazo de unos pocos meses, caíamos irremediablemente en otra crisis.

4

La prueba de fuego

Recibí una llamada telefónica a las dos de la madrugada.

—Le hablamos del Departamento de Bomberos de North Ridgeville. Las llamas están alcanzando unos siete metros sobre el techo de su fábrica. Hemos llamado a los voluntarios, pero no conocen la planta. ¿Hay algo dentro que pueda explotar?

Me eché a temblar. ¿Era una pesadilla? La persona que llamaba repitió la pregunta, y me di cuenta de que no se trataba de un sueño. ¡La fábrica estaba ardiendo de verdad! Cuando llegué a la planta, minutos más tarde, quedé aturdido. Las llamas estaban devorando nuestro almacén. Mi primera decisión, casi automática, fue entrar.

Los bomberos me siguieron a regañadientes en la negrura escalofriante y cáustica, mientras les señalaba las entradas y las áreas claves donde se guardaban materiales inestables. Las llamas habían consumido ya grandes secciones del almacén de metal y se dirigían hacia el área de producción, donde la estructura del techo era de madera. Si eso ocurría, con toda nuestra maquinaria y equipo dentro, sabía que nos quedaríamos en la ruina. Mis peores temores, en torno a la decisión de mantener la compañía en la familia, se harían realidad.

Nos desplazamos hacia el frente del edificio, zigzagueando por entre montones de cartones quemados y carcasas de aluminio derretido que habían sido troqueladas para albergar los quemadores de petróleo. Si podíamos detener el avance de las llamas, tal vez pudiéramos salvar la planta y las oficinas. Era nuestra única esperanza. Después de dos horas, que parecieron una eternidad, supimos que estábamos ganando. Los focos principales se habían extinguido; los fuegos pequeños, apagados.

Cuando el cielo matutino capturó los primeros rayos del sol, la magnitud de los daños se hizo evidente. Era espantoso. Los restos quemados del material aislante del cielo raso colgaban como negras estalactitas en torno a las visibles vigas de acero que, a su vez, el calor intenso había retorcido como hebras de regaliz. Las piezas de plástico acrílico habían sido miniaturizadas, encogidas por el calor a una fracción de su tamaño original. Escombros, totalmente irreconocibles, yacían en grandes montones humeantes a lo largo y ancho del suelo, mientras que un vapor penetrante que quemaba los ojos lo cubría todo.

Carbonizados, pero todavía en pie

Cuando examinamos las vigas de madera carbonizadas de la estructura principal del techo de la planta, se puso en evidencia lo cerca que habíamos estado de perder toda la compañía. El fuego se había extendido desde el almacén hasta la planta, pero las máquinas cruciales, aunque cubiertas por completo de un feo alquitrán castaño, estaban operables. Los archivos y la documentación importantes estaban intactos, si bien el apestoso humo había dejado un residuo penetrante en todas partes. Gracias al prodigioso esfuerzo de los empleados, que trabajaron día y noche, y al de los proveedores, que se solidarizaron con nuestra llamada urgente, pudimos cumplir a tiempo con todos y cada uno de nuestros compromisos con los clientes. ¡Necesitábamos un milagro y lo recibimos!

Estaba aprendiendo que el destino se forja de esa manera: en los momentos incomprensibles y en los milagros. En un momento, la muerte; en otro, un infierno. Pero, muy cerca, la providencia: el sol brillaba tras los negros nubarrones. Milagros. La vida, cuando se convierte en un yunque inclemente contra el cual se martillan las lecciones, puede devastar y descorazonar; pero ese mismo yunque también puede forjar carácter y producir esperanza.

Para mí, mantener el negocio a flote se convirtió en algo más que una necesidad económica. Era una causa. No me daba cuenta de eso al principio. Pero la muerte de mi padre y el incendio posterior, me convencieron de que el negocio tenía que continuar. Cualesquiera que hubieran sido las razones o el destino de la compañía, yo estaba al timón. Estas experiencias tan dolorosas me estaban ayudando a comprender otras verdades más elevadas; verdades que serían esenciales para alcanzar ese destino.

Una nueva apreciación del mismo conferenciante que antes me había desafiado a que leyera todos los días la Biblia me ayudó a ver con más claridad cómo estaba actuando Dios en mi vida:

«Hay muchas partes de las Escrituras que nunca significarán nada para nosotros a menos que pasemos por experiencias similares a las que allí se exponen. Por esta razón, Dios permitió a todos los siervos que aparecen en las Escrituras experimentar conflictos, y es por la misma razón por la que nosotros también los sufrimos».

El otro lado de la montaña

Para mí, las dificultades que había encontrado solo marcaban nuevos rumbos de conocimiento profundo de la Biblia y de las formas como Dios obra en nuestra vida. Se estaban forjando lecciones valiosas.

La muerte de mi padre, aunque me pareció tan inoportuna, me hizo desarrollar una dependencia de Dios que de otra manera nunca habría ocurrido. Este trastorno, quizá, aceleró unos años mi proceso de maduración, y me ayudó a aprender a orar y a confiar en Dios por completo; ni qué decir tiene que también me ayudó en los cursos intensivos, en el trabajo, en materia de finanzas y de márquetin, en las relaciones con los empleados y en la supervisión de la planta, todo ello imprescindible para mantener la compañía en funcionamiento.

El fuego devastador también me ayudó a comprender que no debemos sentirnos excesivamente seguros en cuanto a las cosas temporales. Me di cuenta de que las fábricas, la maquinaria, incluso los clientes, pueden estar hoy aquí pero mañana no, al igual que las casas, las cuentas bancarias y los amigos. Podíamos instalar aspersores automáticos de agua para combatir el fuego (¡y lo hicimos!), podíamos aumentar nuestra póliza de seguro y aplicar medidas preventivas normales. Pero estaba creciendo mi convicción de que Dios ha diseñado la vida de manera que nunca podamos estar completamente seguros sin Él.

Durante aquellos tiempos difíciles, encontré un versículo, en el libro de Proverbios, que me ayudó a mantenerme debidamente centrado. Esto es lo que dice: «Confía de todo corazón en el Señor y no en tu propia inteligencia. Ten presente al Señor en todo lo que hagas, y Él te llevará por el camino recto». Me percaté de que, mientras confiara mis caminos a Dios, Él velaría por mí y por lo que más quería.

Su asombroso cuidado se hizo aún más evidente en un suceso ocurrido el verano después del incendio.

Una caída más grande que la de Humpty Dumpty[3]

Carolyn, nuestra segunda hija, había nacido en el período entre la muerte de mi padre y el incendio. Tenía un año de edad en el momento del siniestro. Todavía me estremezco un poco cuando recuerdo lo que sucedió. Estábamos conduciendo hacia el norte, en dirección a nuestra casa de verano, con el padre de Wendy, entonces viudo. Su automóvil era nuevo y estábamos poco familiarizados con las cerraduras de las puertas. Todos pensábamos que las puertas traseras estaban aseguradas con llave. Cruzábamos velozmente la autopista canadiense, y Carolyn jugaba tranquila en el asiento trasero (todavía no había asientos de automóvil para bebés), con un muñeco casero suave, una almohada rellena con viejas medias de nailon, con la figura de Humpty Dumpty. Nos dimos la vuelta justo en el momento en que, horrorizados, vimos abrirse la puerta trasera y a Carolyn caer en la vía.

3. Humpty Dumpty es el personaje de una rima infantil de Mamá Ganso, creado en Inglaterra. Se representa como un huevo antropomórfico que sufre una gran caída. N. T.

De forma providencial, acabábamos de entrar en un tramo en reparación de la carretera que estaba sin pavimentar, que nos había obligado a desacelerar, y avanzábamos a paso de tortuga. Carolyn dio contra la tierra, agarrada con firmeza a su muñeco, Humpty Dumpty, que amortiguó el impacto de maravilla. Momentos después la estábamos tomando en brazos, casi sin un rasguño en su delicado cuerpo.

Cada vez que recordamos el accidente, nos asombra pensar que en aquel viaje, de más de trescientos kilómetros, durante todo el trayecto viajamos a gran velocidad, excepto durante un kilómetro y medio más o menos, ¡y que esa puerta se abriera cuando lo hizo! Nunca habíamos sentido la protección divina de manera tan notable.

Como es natural, después de aquello tuvimos más cuidado con el seguro de las puertas; y lo que es aún más importante: percibimos una prueba más de que confiar nuestros caminos al Señor no era simplemente un ejercicio espiritual, sino que hacerlo resultaba muy práctico. Por razones más allá de las que entonces comprendíamos, Él, en realidad, nos estaba ayudando en el camino de la vida, obrando alrededor de nosotros de una miríada de formas que no podíamos advertir.

Era casi como si una mano invisible estuviera actuando.

5
La mano invisible

Adam Smith, en su trabajo histórico *The Wealth of Nations* (*La riqueza de las naciones*), publicado en 1776, dijo que hay una «mano invisible» que guía toda actividad económica humana.

¿Solo la economía? Para mí, continuaban aumentando las evidencias de que esta máxima era demasiado limitada, que había una mano invisible ocupada en dirigir toda la vida. Al menos los acontecimientos que habían surgido, de manera tan amenazante, los primeros años de mi matrimonio y de mi carrera profesional parecían indicar que había una influencia sutil, pero profunda, que dirigía mi vida: la mano invisible de Dios.

Esta influencia empezó a salir a la superficie a fines de la escuela secundaria, cuando comencé a mandar solicitudes a varias universidades. Había dos posibilidades: Kenyon College, una universidad de artes y ciencias liberales de Ohio, con un seminario episcopal adjunto. Si asistía allí, razonaba yo, podría ir al seminario, dejando abierta la puerta a alguna forma de ministerio religioso. La otra opción era completamente diferente: el Instituto Tecnológico de Massachusetts, una de las escuelas más prestigiosas de la nación en ingeniería y en ciencias. De ser aceptado allí, me encauzaría en una carrera de negocios.

Aunque sentía que alguna forma de ministerio era lo que debía escoger (no me pregunte por qué), mi corazón se inclinaba más por una carrera en los negocios. Mi padre se había graduado de ingeniero eléctrico en la Universidad de Toronto y, en realidad, yo quería ser ingeniero también. No estaba seguro del resultado cuando envié las solicitudes por correo. Si la universidad y mi carrera estaban realmente ligadas entre sí, las respuestas de esas dos universidades apuntarían en dirección al trabajo de toda mi vida. Esperé esos resultados ansiosamente.

¿A dónde ir?

Kenyon fue la primera en responder: me aceptaban sin reservas. Estaba complacido, pero no entusiasmado. ¿Sería posible que me aceptaran en el Instituto Tecnológico de Massachusetts, mi primera elección? Sabía que la competencia para entrar allí era más difícil que en cualquier otra universidad del país. Transcurrió una semana, un mes, seis semanas y aún no recibía respuesta. Entonces llegó. Estaba en casa el día que el cartero entregó el sobre, largamente esperado, con la dirección del remitente: Instituto Tecnológico de Massachusetts, Cambridge (Massachusetts).

Conteniendo el aliento, abrí la carta. Cuando mis ojos se fijaron en la palabra «Aceptado», grité un ¡¡¡hurra!!! tan fuerte y sostenido que retumbó por toda la casa, e hizo que mi madre viniera corriendo a toda velocidad. No me importaba que la aceptación estuviera condicionada a mantener un promedio de ocho, por lo menos, en el primer semestre. Había logrado entrar. Determiné que nada me impediría graduarme como ingeniero. Se había iniciado la trayectoria de mi carrera, al menos por el momento, hacia la ingeniería y las ciencias, no hacia el ministerio religioso. Allí estaba la mano invisible, guiándome. En fin, yo era el más feliz estudiante de último año de secundaria, en Elyria, aquel día de mayo de 1956.

Sin embargo, una vez en la universidad, continuaba teniendo la suficiente inquietud espiritual como para que asistiera a la iglesia de forma regular y me zambullera en apasionados debates religiosos que defendían la idea de un Dios omnipotente. Me consideraba una persona moral. Evitaba meterme en problemas, al menos en problemas serios.

Una persona insistente

Pero también era cauteloso, especialmente ante la estrategia utilizada por Dave, un compañero de clase. Dave no dejaba de decirme que yo necesitaba «nacer de nuevo», utilizando una terminología extraña para mi educación episcopal. Con demasiada frecuencia, «coincidía» conmigo en el cruce donde iniciaba la marcha diaria de diez minutos para cruzar el puente sobre Charles River que une Boston, donde se encontraba la casa de la fraternidad Sigma Ji donde yo vivía, con Cambridge, donde estaba ubicada la ciudad universitaria. Por mucho que lo intentara, no podía evitar a Dave ni la irritante conversación que transcurría cada vez que me interceptaba.

En pocas palabras, no pensaba comprar lo que Dave quería venderme. Me daba la impresión de que era una persona de mente estrecha, religiosa y molesta. Parecía limitarse a una sola fórmula, pero yo tenía argumentos para rebatirle cada una de sus teorías, cuidadosamente preparadas.

Oí algunas de las mismas fórmulas que Dave presentaba una noche, durante mi último año de universidad, cuando la curiosidad me llevó a una cruzada de evangelización. Al final, me dirigí hacia la plataforma frontal, donde un consejero comenzó a mostrarme pasajes de la Biblia.

—Aquí está el modelo bíblico para cambiar su vida —dijo—. Ahora, Juan 3:16 dice… Y en Romanos 10…

Pero yo no estaba convencido todavía. Parecía demasiado simplista. Implicaba tener fe, y la fe no parecía acomodarse al intelecto.

A pesar de mi renuencia a aceptar tal enfoque, me consideraba una persona espiritualmente abierta, que mantenía cierta reverencia ante Dios. Incluso, me pregunté, otra vez, si debía considerar ejercer alguna forma de ministerio más directa, al menos durante un tiempo. Después de todo, ¿no sería eso más digno que sumergirme sin más en una carrera de trabajo seglar?

—¡Lo tengo! —recuerdo haber pensado—. He recibido dos años de preparación en el Centro de Entrenamiento de Oficiales de la Reserva. Realizaré el servicio como capellán en la fuerza aérea.

Eso parecía noble y de mucha altura. De manera que le pedí consejo al Dr. Theodore Ferris, el elocuente rector de la Iglesia Episcopal Trinity, de Boston, donde había estado asistiendo la mayoría de los domingos.

—John —dijo con cierto tono de voz—, yo no te recomendaría entrar en cualquier clase de ministerio, a menos que verdaderamente sientas que has sido llamado para eso. Espera ese llamado. Si es genuino, lo sabrás.

Poco después comenzaron las entrevistas en la universidad. Boeing, de Seattle, fue la primera en ofrecerme un puesto de trabajo, a la que le siguió la oferta de una firma aeroespacial, mucho más pequeña, del pueblo donde crecí; una compañía donde había trabajado como técnico de laboratorio el verano anterior. Si me colocaba allí, no solo podría vivir con mis padres, sino que estaría a menos de quinientos kilómetros de Wendy, que estudiaba todavía en la Universidad de Toronto.

Elegí trabajar con Lear, la firma más pequeña. El sabio consejo del Dr. Ferris me ayudó a tomar, con la conciencia limpia, la opción orientada a los negocios. Simplemente, no sentía tan fuerte el llamado al ministerio, y hubiera sido un error intentar fabricarlo. Así que la regla de cálculo, no las vestimentas episcopales, fue la que se convirtió en la firma de mi oficio. La mano invisible se ocupaba de formar y dirigir los pasos de mi vida.

Una realidad viviente

Echando la vista atrás, me doy cuenta de que durante mis años de universidad y los que vinieron después mis convicciones espirituales estaban fuertemente asentadas y me resistía a los diversos recursos con los que, de manera gradual, Dios estaba tratando de atraerme hacia una relación más profunda con Él. (Estoy muy agradecido de que no se rindiera conmigo). Aunque mucho de lo que había encontrado en la exposición del cristianismo durante aquellos años de universidad resultaba poco atractivo, comencé a darme cuenta de que la fe de otras personas, sobre todo la de Wendy y su familia, era una realidad viviente. Para ellos, Dios no estaba distante. Era algo personal. Se acercaban a Él como a un amigo íntimo.

El padre de Wendy era pastor anglicano y presidente de un seminario teológico. Su madre era una activa líder de la iglesia. Pero no fueron estas credenciales las que dejaron huella en mí. Fue la manera tan natural que tenían de integrar sus puntos de vista espirituales con el resto de su vida. Parecían vivir y respirar la fe con alegría.

Wendy constituía mi mayor ejemplo. Ella vivía una fe serena y confiada; no compleja, sino sincera; profundamente satisfactoria para ella y con un atractivo cautivador para los demás. Así que observaba, admiraba y consideraba. Pero también luchaba, una y otra vez, pensando:

—Este asunto de la fe desafía la lógica y yo no estoy por echar a un lado mi cerebro. Necesito llegar a entender más.

Los años pasaron, incluyendo mi primer empleo, el nacimiento de nuestro primogénito y los grandes retos de los años incipientes del negocio familiar. Mi carrera había comenzado de manera excelente y con éxito. ¡Tenía mucho por lo que estar agradecido! No podía menos que aceptar las pruebas de que Dios estaba involucrado, de muchas formas, en mi vida y en mi negocio. No obstante, me encontraba, casi a mis treinta años, negándome con fuerza a ceder ante cualquier cosa que no pudiese analizar y razonar a fondo.

—No quiero volverme como uno de esos. —Llegué a esta conclusión, y me resistía a aceptar la imagen estereotípica del cristiano fundamentalista que lo acepta todo a ciegas, que es dogmático, poco imaginativo y, francamente, no resulta muy entretenido. ¡Cómo luché!

Pero, año tras año, crecía en mí la sensación de que, en cierta forma, me hallaba espiritualmente incompleto. La mano invisible de Dios no dejaba de empujarme, de hacer presión y de animarme a ver qué más había.

6

Un calor extraño

John Wesley, fundador de la denominación metodista que dejó una profunda huella en la vida de los Estados Unidos del siglo XVIII, manifestó que sintió «un calor extraño» en su corazón cuando depositó toda su confianza en Jesucristo.

En mi vida, fue poco antes de cumplir los treinta años cuando Dios, en su gracia, abatió las dudas que había tenido durante tantos años. En realidad no se debió a nada que hubiera hecho yo, a excepción de desear reservarle un espacio. Tampoco dependió de que yo organizara mi vida, que consiguiera tener limpia mi conciencia y así llegara a ser lo suficientemente bueno para considerarse aceptable. Más bien fue Dios mismo quien tomó la iniciativa, casi como si me estuviera tendiendo su mano de amor.

Estoy seguro de que hubo otras ocasiones en las que Dios intentó atraerme hacia Él. Pero al final acepté su iniciativa, y le rendí mis temores y mis reservas. Donde había resistido antes, ahora estaba más abierto a tener una relación con Él. En realidad, solo dije «Señor, confío en ti y quiero ser completamente tuyo —y pensé—: ¡Qué asombrosamente paciente ha sido!».

Esto debió haber querido decir John Wesley cuando habló de un calor extraño. Parece que hubo un momento en su vida, y ahora en la mía, en el que tuvo lugar una transacción muy especial. En mi caso, no tenía una conciencia muy clara, pero Dios creo que se mostraba taxativo. Me di cuenta de que ya no era un amigo casual, que vivía en un país distante. De forma maravillosa, me había convertido en uno de los suyos, en uno de los habitantes de su casa, en parte de una nueva familia. Un largo proceso, que se había prolongado durante decenios, había culminado. Una pieza crítica del rompecabezas de mi vida se había colocado en su lugar.

Es difícil expresar con palabras lo que sentí en aquel momento, pero fue como una lucha que por fin hubiera terminado. Como la calma después de una tempestad. Como un pequeño niño que padece fiebre cae dormido en los brazos de su madre y despierta sano. Me relajé y comencé a sonreír con más facilidad. ¡La gente lo notaba! Experimentaba ahora una alegría interior que iba más allá de ser feliz solamente. Se trataba de una percepción de entereza y seguridad.

Recordando mis años anteriores, me daba cuenta de que había juzgado de manera injusta a Dave, mi amigo de la universidad y, más tarde, al evangelista. En aquel momento, el paquete que me presentaban no resultaba atractivo: requería fe en lo desconocido, avanzar un paso más allá de lo que yo podía ver con mis ojos o entender por completo con mi mente.

Pero ellos tenían la semilla de la verdad, de incalculable valor, y me la ofrecieron: que el camino hacia una relación plena con Dios llega a través de un tipo de muerte, de renunciar a aferrarse a la propia existencia y a la antigua manera de vivir; y entonces sucede el renacimiento, la aceptación de una nueva vida ofrecida a nosotros por Jesucristo. Concluí que esto era lo que ellos querían decir con aquella extraña frase, «nacer de nuevo». No era algo físico, sino espiritual.

¿El negocio de quién?

Mi vida cotidiana era diferente ahora. Al principio no consideré mucho las implicaciones que este paso esencial hacia Dios tendría en mi trabajo. Con franqueza, estaba extasiado ante todo lo que estaba teniendo lugar en mi espíritu.

Sin embargo, con el tiempo, comenzaron a cruzar por mi mente algunas preguntas prácticas, no muy diferentes de las que ya me había planteado antes:

—¿Mi involucramiento en los negocios es, de verdad, mi llamado, o se trata más de un asunto de preferencia personal? ¿Debería estar pensando en una forma más directa de ministerio?

Quería tener resueltos estos asuntos importantes, de manera que determiné hacerlos tema de oración.

Las respuestas no fueron inmediatas. Pero, después de varios meses, y para mi sorpresa, sentí que se me planteaba una pregunta clave: ¿Estaría dispuesto a abandonar por completo mi participación en la compañía y seguir una dirección muy diferente en la vida?

¡Vaya! En verdad, no quería oír esa pregunta. Puse sobre la mesa mis mejores argumentos para no moverme: continuar incrementando el patrimonio familiar, proveer a mi madre y a la familia, aplicar mis conocimientos técnicos y comerciales. Pero concluí que esa no era una sesión negociadora. Más bien era Dios quien estaba examinando profundamente mi corazón y diagnosticando mis motivos.

Después de una buena dosis de análisis profundo, respondí tomando, quizá, la decisión más difícil de mi vida: la decisión de poner en las manos de Dios mi futuro y todo lo que poseía, incluyendo la compañía. Esto es, en esencia, lo que dije:

—Este negocio no puede ser mío y tuyo a la vez. No quiero aferrarme a él, ni a cualquier otra cosa, a menos que tú lo quieras. Si me pides que renuncie a esta vocación y haga algo diferente, estoy dispuesto a hacerlo.

Estoy dispuesto a confiar en ti para el futuro de la compañía y el mío y a hacer lo que sea.

Lo que ocurrió como resultado de aquella decisión resultó determinante. De cierta manera, parecía como si Dios quisiera saber si yo estaba preparado para rendirle, por completo, toda mi vida, incluyendo mi trabajo. La maravillosa ironía es que, a cambio, llegó la inconfundible seguridad de que yo estaba donde debía: en el mundo de los negocios. Era como si Dios me estuviera diciendo:

—John, necesitaba saber que estabas dispuesto a seguirme dondequiera y en lo que fuera. Pero estás donde quiero que estés. Te he llamado para los negocios.

No puedo recordar otro tiempo en el que haya gozado de una mayor sensación de ratificación y de paz.

La conexión de la fe

Esta experiencia (la de entregarle todo a Dios y que después volviera a ponerlo en mis manos) me aportó una nueva comprensión de mi trabajo y una dimensión completamente diferente de compromiso con Él. No estaba aventurándome solo, y esperaba estar haciendo las cosas bien. En cambio, tenía mayor sentido de la corrección y de sus propósitos que nunca, y la convicción de que debía hacer precisamente lo que estaba haciendo. ¡Desaparecieron las dudas acerca de estar perdiendo el propósito máximo de Dios para mi vida!

Pero todavía había un asunto molesto: ¿cómo debía relacionar la fe con el trabajo? Cuando observaba alrededor, veía muy pocas pruebas de que otras personas creyentes llevaran su fe al trabajo. Los dos mundos estaban desconectados. A decir verdad, tuve que admitir que yo no era diferente. Los domingos eran los domingos, y se hallaban muy separados del resto de la semana, donde operaba un conjunto de reglas diferente.

—¿Podrán unirse alguna vez estos dos mundos que parecen tan separados? —me preguntaba.

Poco me imaginaba lo crucial que resulta esta pregunta, y de qué forma se ha mutilado la respuesta en la sociedad moderna.

7
¿Dos mundos o uno?

Mi conversión había iniciado un proceso de transformación en mi mente y en mi espíritu; pero, aún así, me daba cuenta de que existía un gran abismo entre mi manera de pensar y esta nueva dimensión de la fe y su aplicación en mi trabajo. Sabía con certeza que algunos pasajes de las Escrituras podrían dirigir o aliviar situaciones relacionadas con el trabajo. Pero, en términos generales, me encontraba en dos mundos separados. En ambos se estaba produciendo un crecimiento significativo, aunque en gran medida se hallaban desligados el uno del otro.

Durante ese tiempo, a finales de los años sesenta, se habían tomado algunas decisiones básicas en la compañía que establecían el contexto para una expansión sostenida. De hecho, Beckett Corporation experimentó un índice de crecimiento anual de más de un 20 % durante la mayor parte de los dos decenios siguientes; y siguió creciendo. Unas decisiones fundamentales ayudaron a promover ese desarrollo: contratar personal capacitado en ventas y en ingeniería, reenfocar nuestros esfuerzos mercadotécnicos hacia las principales compañías petroleras, crear una red de distribuidores y proveedores, desarrollar una nueva generación de quemadores que ahorraran combustible y ampliar y mejorar nuestras instalaciones de la planta y el equipo.

Pedimos prestadas grandes sumas de dinero para financiar el crecimiento, pero nos fue bien y pudimos generar suficiente liquidez para satisfacer el pago de nuestra deuda antes de lo programado. Éramos un pez pequeño en un estanque grande, pero ganamos reconocimiento, que iba en aumento a causa de nuestra tecnología, del buen servicio prestado al cliente y del mantenimiento realizado. Contábamos con un equipo joven y agresivo, dispuesto a correr riesgos. Con el tiempo, las recompensas se hicieron evidentes.

El frente doméstico

Mis actividades en los negocios no podían ser mejores, pero tenían poca relación con lo que estaba ocurriendo fuera del trabajo. Nuestro tercer hijo y primer varón, Kevin, nació en 1967, justo cuando estaba entrando en una nueva dimensión en mi caminar con el Señor. Algunos años más tarde, nació nuestra tercera hija, Catherine. Wendy y yo estábamos dedicados por completo a nuestros cuatro preciosos hijos, pero nada superaba mi deseo de crecer espiritualmente durante aquel dinámico período. Supongo que era como una planta acabada de nacer, donde germinaba un brote tras otro.

Wendy y yo asistíamos a numerosos seminarios de enseñanza cristiana, que incluso ayudábamos a patrocinar, los cuales contribuyeron a solidificar nuestra fe y a acelerar su crecimiento. Nos reuníamos en casas, en pequeños «grupos celulares» para la comunión fraternal. Descubrimos un gran número de buenos libros acerca de los cristianos que estaban marcando la diferencia. Observar el gran interés de nuestros amigos por esta literatura me impulsó a relacionarme con otros hombres de negocios para establecer una librería cristiana que, durante años, sirvió en la zona del gran Cleveland con libros y materiales de enseñanza de audio y vídeo basados en la Biblia.

Poco a poco me di cuenta de que la Biblia se había convertido en mi primordial fuente de vida espiritual. La decisión de leerla todos los días estaba produciendo buenos frutos, una renovación gradual en mi manera de pensar. Pero todavía no había establecido una conexión directa entre sus profundos criterios y mi trabajo, ni pensaba que podrían ser instrumento para forjar las políticas y prácticas de nuestra compañía.

Ni veía que el Señor mismo, a quien estaba conociendo cada día mejor, en realidad guiaría mis pensamientos y mis acciones en asuntos muy prácticos de los negocios, si se lo permitía. Sin embargo, no pasó mucho tiempo para que se diera una situación en la compañía que me sacudió hasta la médula y que me obligó a recurrir al Señor de una forma más directa.

La llamada de atención

Había crecido creyendo, sobre todo por influencia de mi padre, que las compañías y sus empleados se encontraban mejor en un ambiente sin sindicatos. Pero también sabía que podíamos hacer muy poco por influir en tales decisiones. De acuerdo con la ley, los empleados tienen libertad de afiliarse a una agrupación obrera cuando lo deseen. Al pensar que tal posibilidad pudiera darse en nuestra compañía, mi reacción era siempre de gran temor. Un día sucedió lo que yo temía.

Cuando recibí las noticias de que un intento de organización sindical estaba en marcha, la intensidad de ese miedo se volvió casi inmovilizadora. Luego el temor se tornó en indignación, porque una parte de los empleados consideró ir en esa dirección en vez de hablar con nuestra gerencia acerca de sus preocupaciones. Después, la indignación dio paso a la sobria aceptación de que teníamos que actuar, sabia pero decisivamente, si queríamos mantener la esperanza de permanecer sin sindicato.

La campaña

Busqué a un abogado laboralista, conocido en nuestro pueblo por su mano dura contra los intentos de organización. Aceptó ayudarnos. Entonces, tan solo unas semanas después del inicio de la campaña, murió repentinamente de un ataque al corazón.

La presión de este asunto, si no otra cosa, me impulsó a orar con fervor. Ante la muerte de nuestro abogado, casi llego a la conclusión de que quizá sería mejor manejar la situación nosotros mismos, en vez de empezar de nuevo con un abogado desconocido. Así pensé hasta un día en que, leyendo el libro de Proverbios, mis ojos cayeron, de forma sorprendente, en un versículo muy oportuno. En la traducción que estaba leyendo entonces, Proverbios 12:15 dice: «¡No actúes sin recomendación de un consejero!».

En pocos días habíamos localizado a un abogado de Cleveland quien nos dio consejos excepcionales y nos ayudó a manejar la campaña, que duró un mes, con el fin de rehabilitar la confianza de nuestros empleados en la compañía.

Cuando medité detenidamente lo que este intento de organización ponía en peligro, se me hizo evidente que lo más importante que podíamos perder era la relación directa con los empleados. Yo sentía un sincero afecto por los trabajadores, que sumaban entonces casi treinta en nuestra planta. Sabía que no había manera de que una organización externa, permanentemente interpuesta entre empleador y empleado, pudiera aportar la misma dimensión de cuidado y preocupación. Más bien, con toda probabilidad, obstruiría lo que debería ser una relación cercana de trabajo.

Vi esto también como una posición bíblica planteada de forma directa en el capítulo 6 de la carta del apóstol Pablo a la iglesia de Éfeso. Allí se les recuerda a los empleadores que la manera de relacionarse con sus empleados debe ser un reflejo de la forma afectuosa y compasiva como nuestro Padre celestial nos trata a cada uno.

De esa forma, con convicción, con un buen consejo y una estrategia sólida, compartimos nuestros puntos de vista y nuestras preocupaciones con los empleados, dentro de las ajustadas pautas impuestas por la Junta Directiva Nacional de Relaciones Laborales. Se realizó la votación y la abrumadora mayoría de los empleados decidió permanecer sin sindicato.

Se hacen ajustes

Nos sentíamos muy aliviados y agradecidos. Creíamos que Dios nos había ayudado, guiándonos a través de aquel difícil momento. Pero supuso también una tremenda llamada de atención. Me di cuenta de que habíamos descuidado la comunicación. Nuestros empleados no entendían bien muchos aspectos de nuestra política ni de nuestras prácticas. Algunos de nuestros beneficios estaban por debajo de la norma, y, con prontitud, tomamos medidas para mejorarlos. Desarrollamos un nuevo manual del empleado, realizamos algunos cambios en la supervisión y nos tomamos mucho más en serio —ahora estaba convencido— el fortalecido mandato que teníamos: trabajar más de cerca con los empleados, comunicar de una manera clara nuestra meta y nuestras aspiraciones y buscar el mejor ambiente de trabajo posible para todas las personas de la compañía conforme fuéramos avanzando.

Como resultado de esta desgarradora experiencia, también comencé a darme cuenta de que no podía, o no debía, estar viviendo en dos mundos separados. Durante más de una década había recibido claras pruebas de que el Señor tenía un interés vital en mi trabajo. Llegué a la conclusión de que era del todo insensato por mi parte separar mi vida en dos facetas: una forma de pensar y conducirme los domingos y otra durante la semana laboral. Debía producirse una integración más plena entre ambos mundos.

Esa me parecía una forma práctica y sensata de considerar la fe: que abarcara el rango completo de mi vida. Pero todavía existían lagunas en mi comprensión. Más tarde me di cuenta, de manera más completa, de que hay razones culturales por las que es tan difícil para nosotros, y de modo especial en Occidente, considerar nuestro trabajo y nuestra fe tan unificados, verlos como partes de un solo mundo, no separados.

Este es el enfoque de la siguiente sección del libro. Las ideas discutidas allí han transformado por completo mi manera de pensar y la de otras personas con quienes las he compartido a través de los años.

SEGUNDA PARTE

Panorama general

8

Guerra de culturas

Mientras yo entraba en una nueva dimensión de experiencia religiosa, a finales de los años sesenta, comencé a notar cuán drásticamente estaba cambiando la cultura en nuestro país. En comparación con el presente, existió una época de inocencia hasta la década de los años cincuenta, cuando asistía a la escuela secundaria y a la universidad. Ciertamente, había problemas; pero conceptos básicos como el bien y el mal, la verdad y la mentira, el honor y la deshonra, se comprendían y se aceptaban mejor. Parecían formar parte de la conciencia social.

En los años sesenta, estos valores fueron arrancados, casi de cuajo, del alma social. Los asesinatos del presidente Kennedy y de Martin Luther King Jr., la eliminación de la oración en las escuelas, la guerra de Vietnam, Woodstock[4] y los disturbios radicales en los campus de las universidades sacudieron nuestra urbanidad. La turbulencia de este período despojó a una considerable parte de nuestra sociedad de una ya decadente aceptación de los valores tradicionales, creando un legado que hoy, forzosamente, afecta al mundo de los negocios.

En ningún otro lugar ha resultado esto más evidente que en las aulas universitarias, como descubriera Charles Colson en una visita a Harvard, pocos años atrás. Como conferenciante invitado en un curso de Ética, en Harvard Business School, Colson, quien se viera implicado en el escándalo Watergate y que ahora lidera la Confraternidad Carcelaria[5], habló acerca del abandono de los valores tradicionales, bíblicamente fundamentados. Según relata en uno de sus libros, les dijo a los estudiantes que Harvard nunca podría enseñar cómo aplicar la ética en los negocios, porque la escuela no creía en valores absolutos, y que, a lo sumo, podría transmitir juicios comerciales pragmáticos.

—No se puede enseñar ética aquí porque no creen que existan leyes morales —dijo—. Pero hay leyes morales tan cierto como existen leyes físicas. Nos mostramos renuentes a admitirlo porque ello interfiere con nuestro deseo de hacer cualquier cosa que queramos; y hacer lo que queramos

4. El Festival de Woodstock formó parte de un movimiento pacifista que se desarrolló en los Estados Unidos a finales de la década de los sesenta, que practicaba el amor libre y hacía uso de las drogas. N. del T.

5. Colson falleció el 21 de abril de 2012. N. del T.

se ha convertido en la máxima virtud de nuestra sociedad. Lugares como Harvard —sobre todo Harvard de entre todas las instituciones— propagan esta clase de valores.

El discurso de Colson fue recibido con un silencio pasivo; después, con un aplauso cortés. Anticipándose a una reacción más hostil, luego interrogó a los organizadores del evento:

—¿Por qué una respuesta tan fría?

—El material que usted presentó era completamente nuevo para ellos —dijo un joven—. No contaban con las herramientas para debatirlo.[6]

Verdades inmutables

Valores absolutos. Leyes morales. Tal terminología presupone una base, una norma por medio de la cual se miden la verdad y la falsedad. No hace muchos años, la respuesta para los comentarios de Colson habría sido diferente. La realidad que nos hace pensar con seriedad es que lo que ahora se enseña a los estudiantes de la escuela de comercio no está arraigado en verdades inmutables sino en el relativismo moral y en la ética de situación, privándolos así de la sólida base que necesitarán en su trabajo. En contraste, en los años de la década de 1920, las publicaciones comerciales, como el Harvard Business Review, hacían referencia con regularidad a verdades bien ancladas, transmitidas a través de la herencia judeocristiana de nuestra nación.

Aunque resulta muy preocupante que instituciones como Harvard se hayan desviado de las históricas raíces culturales de nuestra nación, el problema, en verdad, se remonta mucho más atrás. Percibir la raíz primaria que aún alimenta la cultura occidental moderna nos ayudará a comprender completamente lo que está ocurriendo, no solo en nuestras escuelas de comercio de élite, sino en muchos de nuestros modernos negocios de Occidente. También nos ayudará a medir nuestra propia actitud hacia el trabajo y hacia el llamado.

Para abordar este tema, algo filosófico, necesitaré desviarme brevemente de la narración de mis experiencias en los negocios. Si usted es como yo, la exploración de asuntos filosóficos es como intentar levantar una pesada carga. Pero creo que lo encontrará muy valioso. Para mí, ha sido totalmente revolucionario descubrir que un sistema de pensamiento que se remonta a tres milenios atrás haya afectado tanto a la sociedad en la que vivimos y trabajamos hoy.

Una nota más de ánimo mientras usted termina el resto de esta breve sección: ganar claridad en este tema también proveerá un buen fundamen-

6. ECKERD, Jack y Charles Colson: *Why America Doesn´t Work* (*Por qué Estados Unidos no trabaja*).

to para desplazarse a la sección tres de este libro, «Aplicaciones». Allí desarrollaré las transcendentales lecciones que hayamos aprendido, echando mano de nuestros esfuerzos por integrar en el trabajo cotidiano una perspectiva cultural diferente fundamentada en la Biblia. Confío en que pueda apreciar con facilidad cómo encaja todo esto.

Así que mantenga abrochado su cinturón de seguridad. Aunque encuentre alguna turbulencia, no vacile. Antes de que se dé cuenta estaremos aterrizando.

9

La influencia griega

Pocos años después de mi conversión, cuando la parte espiritual de mi vida cobró profundidad y un nuevo significado, comencé a descubrir de qué manera tan excepcional la Biblia se aplica a lo cotidiano. Pero también descubrí lo extraña que resultaba una perspectiva bíblica dentro de muchas de las cuestiones que había llegado a aceptar a través de mi educación y de mis experiencias.

En la cultura occidental, el lente a través del cual miramos el mundo ha sido coloreado por casi tres mil años de pensamiento griego. Usted conoce los nombres: Homero, Tales, Sócrates, Platón, Aristóteles. Lo que pensaron y enseñaron ha incidido de un modo profundo en nuestra forma de pensar.

Mucho de lo que nos llegó de estos pensadores griegos es bueno, incluyendo las matemáticas, el método científico, el bello lenguaje del Nuevo Testamento y el juramento hipocrático, que los médicos han seguido al pie de la letra hasta los últimos decenios en el desarrollo de sus prácticas.

Pero la herencia de los griegos también nos llegó con otro importante bagaje. Los pensadores griegos, eludiendo al Dios de los hebreos, propusieron nociones místicas, centradas en el hombre, para definir el mundo que los rodeaba.

Algunas se han descartado, como las de los dioses del fuego y del trueno de Homero, que vivían en los picos de las montañas. Cuatrocientos años después de Homero y cuatrocientos antes de Jesucristo, Aristóteles abandonó la mitología para describir a Dios como una forma vigorizadora, infinita pero inmaterial, una fuente de energía autodesarrollada: la misma raíz filosófica de la nueva era.

Sin el Dios de la Biblia los seres humanos quedan solo consigo mismos. Protágoras, en el siglo v antes de Cristo, lo expuso sucintamente cuando ofreció su famosa máxima: «El hombre es la medida de todas las cosas».

Tales ideas, aunque erróneas, no mueren con facilidad. Mucho de lo que vemos en la sociedad exalta el pensamiento griego: ya sea en los actos de inauguración de los Juegos Olímpicos, en las noticias de las publicaciones periódicas, en la radio y en los programas de televisión, en las películas, en los seminarios comerciales o en programas de estudio de nuestras universidades y escuelas secundarias públicas. La adoración del sistema griego está en todas partes.

Absoluto o relativo

El relativismo moral, por ejemplo, no empezó en Harvard o en otras universidades. Sócrates, usando su famoso «método dialéctico», hacía que sus estudiantes llegaran a sus propias conclusiones en cuanto a los significados de conceptos tales como la benignidad y la justicia. Formaban nociones personales del bien y el mal. De esta manera justificaban vivir según sus propias opiniones. Sócrates no podía enseñar absolutos que no hubiera aceptado. Ni nosotros.

El pensamiento griego afecta nuestra cultura de muchas otras maneras; y ha tenido una influencia significativa en nuestra forma de pensar acerca de los negocios en general y acerca de nuestro trabajo en particular. Para apreciar esa influencia debemos seguir una progresión lógica.

Los griegos no pudieron alejarse del concepto del dualismo: el principio de contraponer las ideas y las actividades en dos niveles: superior e inferior. Platón fue el más perspicaz en esto. Trató de identificar las inmutables verdades universales, poniéndolas en el más alto de dos dominios bien definidos. A este nivel superior lo llamó «forma», y estaba constituido por las ideas eternas. Al nivel inferior lo llamó «materia». Este dominio inferior era temporal y físico. El interés principal de Platón se centraba en la forma más alta, a la que consideraba superior al mundo temporal e imperfecto de la materia.

El problema surge cuando observamos dónde ubicó Platón el trabajo y las ocupaciones. ¿Dónde, por cierto? En el dominio inferior.

Dualismo en la era cristiana

Casi mil años más tarde, en el siglo v después de Cristo, Agustín intentó integrar el pensamiento platónico en el contexto cristiano. Este enfoque dio como resultado una distinción entre la vida contemplativa y la vida activa; la misma distinción entre superior e inferior, pero con nombres diferentes. El superior de estos dominios llegó a ser considerado equivalente a las preocupaciones relacionadas con la Iglesia, que se consideraban sagradas, como el estudio de la Biblia, la predicación y la evangelización. Las otras cuestiones eran profanas, comunes, carentes de nobleza.

¿Dónde colocó Agustín el trabajo y los oficios? Igual que lo hiciera Platón con anterioridad, en el dominio inferior.

Tomás de Aquino, en el siglo XIII, fomentó esta noción peyorativa del trabajo cuando perpetuó el dualismo del pensamiento griego. También clasificó la vida en categorías, en dos dominios que él llamó «gracia» y «naturaleza». La revelación, que abarcaba la teología y los asuntos de la Iglesia, operaba en el dominio superior, el de la gracia. En el dominio inferior, el de la naturaleza, el intelecto natural del hombre se mantenía completamente por sí solo.

Los negocios y los oficios, que operaban en el dominio inferior, no requerían de revelación. Según Tomás de Aquino, sobrevivían bastante bien con una dieta de intelecto humano y juicio razonado.

Superior o inferior

Traigamos ahora esta dicotomía al presente.

Francis Schaeffer, uno de los pensadores más grandes de la era moderna, escribió sobre el impacto más reciente del pensamiento dualista. En *A Christian Manifesto* (*Un manifiesto cristiano*) habla de la deficiente percepción del cristianismo, propuesta a través del movimiento pietista, en el siglo XVII.

El pietismo comenzó como una protesta sensata en contra del formalismo y de un cristianismo demasiado abstracto. Pero tenía una defectuosa espiritualidad «platónica». Era platónica en el sentido de que el pietismo efectuaba una división bien marcada entre lo espiritual y lo material dando poca, o ninguna, importancia al mundo material. No se le permitía un lugar debido a la totalidad de la existencia humana. El cristianismo y la espiritualidad fueron confinados a una pequeña y aislada parte de la vida.

El resultado de ese punto de vista es que la actividad del trabajo es expulsada del dominio de lo sagrado y se coloca plenamente en lo profano, haciendo imposible servir a Dios si se es un hombre o una mujer de negocios. ¡Para mí, esta es una revelación asombrosa!

Ahora, esta es una pregunta para usted: ¿Le ha afectado este criterio, como a mí?

¿De segunda categoría?

Puedo ver ahora que la perspectiva de los griegos, establecida hace tantos años, continúa viva y robusta hasta el presente, influyendo y distorsionando nuestra percepción del trabajo. Durante años pensé que mi participación en los negocios era una tarea de segunda clase, necesaria para poner pan en la mesa, pero, en cierta forma, menos noble que las ocupaciones más sagradas, como ser pastor o misionero. La clara impresión era que, para servir verdaderamente a Dios, uno tenía que dejar los negocios y entrar en el servicio cristiano a tiempo completo. A través de los años, he conocido a incontables empresarios que sienten lo mismo.

La razón es clara. Nuestra cultura está saturada por completo con la filosofía del dualismo. Desde esta perspectiva, los negocios y la mayoría de las ocupaciones se relegan al dominio inferior, al mundano, al material. Como tales, se perciben carentes de dignidad, espiritualidad, valor intrínseco, y de la nobleza que merecen de su propósito.

Schaeffer, contemplando el pasado desde el legado de casi tres milenios de pensamiento griego, propone esta perspectiva, radicalmente diferente, de verdadera espiritualidad:

No se trata solo de que la verdadera espiritualidad cubre toda la vida, sino que cobija igualmente todas las partes del espectro de la vida. En este sentido, no hay nada concerniente a la realidad que no sea espiritual.

En efecto, hay una forma muy diferente de mirar el mundo y nuestro trabajo, una perspectiva que me liberó para considerar los negocios como un supremo llamamiento.

Pero para encontrar esta óptica tuve que mirar a través de una ventana diferente.

10
Una ventana diferente

El Talmud judío cuenta la historia del consejo que le dio un rabino, entrado en años, a su joven sobrino. El niño ya conocía la Torá, la ley del Antiguo Testamento. Ahora quería estudiar la sabiduría de los griegos.

El rabino recordó las palabras de Dios a Josué: «De día y de noche meditarás en él [el libro de la Ley]».

—Anda, entonces —dijo el rabino—, encuentra un tiempo que no sea ni día ni noche, y aprende entonces sabiduría griega.

Como ese rabino, que le dio poca importancia al valor de estudiar filosofía griega, Tertuliano, un teólogo cristiano de la antigüedad, lidió en su día con el conflicto entre el pensamiento griego y el hebreo. Preguntó: «¿Qué tiene que ver Atenas con Jerusalén?».[7]

¿Qué resultaba tan diferente? Básicamente, que los orígenes eran distintos. Los hebreos dependían de forma primordial de la revelación inspirada de manera directa por Dios. Los griegos, que no reconocían al único Dios verdadero, dependían de la inspirada razón humana.

Debido a que las fuentes eran distintas, los resultados resultaban diferentes; distintos puntos de vista de la deidad, de los orígenes, de los absolutos, de la verdad, dieron como resultado cosmovisiones desiguales.

Principios comunes

Abraham Kuyper, un dinámico pensador cristiano que llegó a ser primer ministro de los Países Bajos a comienzos de los años de 1900, dirigió un discurso a los estudiantes del Seminario Teológico de Princeton, en 1898. Dijo esto sobre la cosmovisión:

Tan ciertamente como que cada planta tiene una raíz, así también bajo toda manifestación de la vida se esconde un principio. Estos principios están interconectados y tienen su raíz común en un principio básico; y de este último se desarrolla, lógica y sistemáticamente, todo el complejo

7. OVERMAN, Christian: *Assumptions That Affect Our Lives* (*Suposiciones que afectan a nuestra vida*).

de concepciones e ideas imperantes que acuden para moldear nuestra vida y nuestra cosmovisión.[8]

A. W. Tozer, en *The Pursuit of God* (*La búsqueda de Dios*), describe así el resultado del cambio de posición en los puntos de vista:

Uno de los mayores obstáculos para la paz interna del cristiano es el hábito común de dividir la vida en dos dimensiones: la sagrada y la secular. Pero este estado de cosas es totalmente innecesario. Nos hemos puesto nosotros mismos en el filo de un dilema, pero en uno que no es real. Es una criatura de la equivocación. La antítesis entre lo profano y lo sagrado no tiene fundamento en el Nuevo Testamento.

El pensamiento bíblico no es dualista. No hay «superior» e «inferior». El salmista dijo: «Del Señor es el mundo entero, con todo lo que en él hay». Cierto: en el Antiguo Testamento había distinciones entre lo laico y lo sagrado, pero aun estas distinciones temporales fueron abolidas por el cristianismo del Nuevo Testamento.

La manera de percibir nuestro trabajo estará entonces profundamente influida por la cosmovisión que escojamos: el modelo griego o el modelo bíblico (judeocristiano).

La vida integrada

Larry Peabody enfoca la atención en este tema en *Secular Work is Full-Time Service* (*El trabajo secular es un servicio a tiempo completo*), el libro más útil que haya leído sobre una perspectiva bíblica del trabajo:

En el Nuevo Testamento, Dios no describe la vida cristiana como dividida en partes sagradas y profanas. Más bien Él la muestra como una vida integrada, un todo, en la cual podemos servirle sin otro objetivo en mente, incluso en el trabajo de todos los días. La gloriosa y libertadora verdad es que, en Cristo, Dios ha realizado lo imposible. En Cristo, aquello que fue una vez profano se ha vuelto sagrado. La pared intermedia de separación ha sido derribada. «Pues todo lo que Dios ha creado es bueno; y nada debe ser rechazado si lo aceptamos dando gracias a Dios, porque la palabra de Dios y la oración lo hacen puro». (1 Timoteo 4:4-5).

Christian Overman describe el contraste entre el pensamiento griego y el pensamiento bíblico con dos diagramas, en su excelente libro *Assumptions That Affect Our Lives* (*Suposiciones que afectan a nuestra vida*). Agradezco su permiso para reproducirlos aquí.

8. Kuyper, Abraham: *Christianity: A Total World and Life System* (*Cristianismo: Un mundo y sistema de vida total*).

La figura 1 ilustra lo que cubrimos en el capítulo anterior, la dicotomía ampliamente sostenida entre dos dominios: el superior, que es sagrado, y el inferior, que es secular. Esta es la cosmovisión de los griegos:

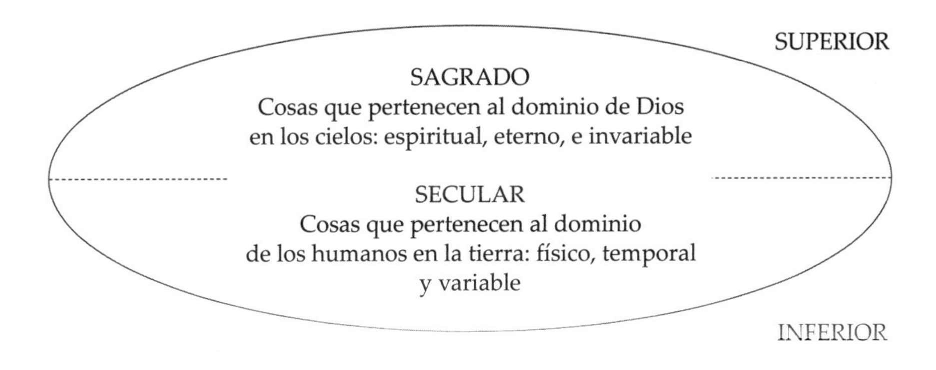

Figura 1. Cosmovisión griega (dualismo)

Como apuntamos ya, en la visión griega los negocios y las ocupaciones inevitablemente terminan en el dominio inferior.

En contraste, la cosmovisión descrita por la Biblia sostiene que todas las cosas son buenas, cuando están en armonía con el diseño de Dios, o malas, cuando están en conflicto.

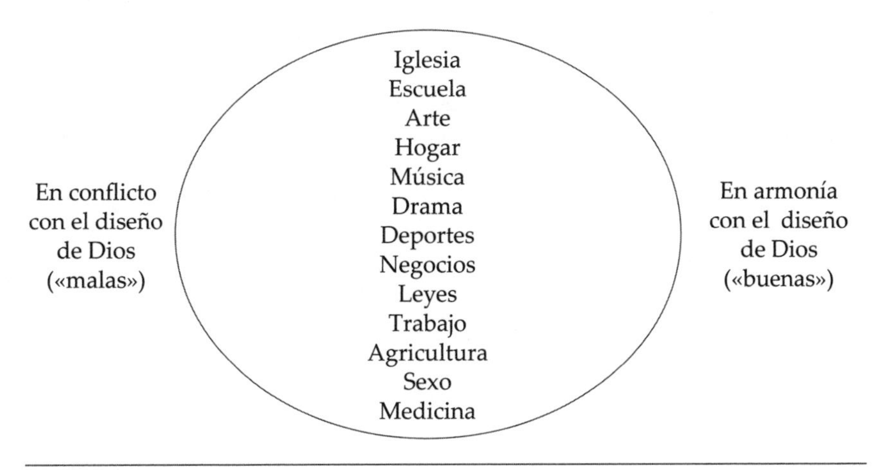

Figura 2. Cosmovisión bíblica

En la figura 2 se observa una lista de diversas actividades y vocaciones, pero sin orden de rango o valor. Las distinciones entre secular y sagrado, superior e inferior, no existen. Overman dice que la pretensión de Dios es que «cada aspecto de la existencia humana y cada institución divinamente reconocida estén también obligados a funcionar en armonía, no en oposición a la voluntad de Dios».

El factor decisivo

Cualquiera de estas actividades puede estar en armonía o en conflicto con el diseño de Dios. Observe el arte, por ejemplo: las opciones tomadas por el artista determinarán si una pintura o una escultura atraen al observador hacia lo que es noble y bueno o hacia lo que es vil, innoble y malo. Nuestro hogar, nuestro trabajo, la medicina, los deportes, incluso el sexo, pueden estar en armonía o en contra de la voluntad de Dios, de manera que el factor decisivo no se trata de un asunto que distinga entre lo superior y lo inferior, entre lo sagrado y lo secular, sino de si cualquier actividad se encuentra en armonía con la voluntad de Dios.

Cuando aprecié esta distinción, este contraste de las cosmovisiones, quise dar saltos de alegría. ¡Si no me hubiera criado como un episcopal escrupuloso, quizá los habría dado! Me di cuenta de cuánto había afectado de forma negativa el dualismo griego a mi manera de pensar.

En intenso contraste con mi anterior forma de pensar, la Biblia me permitió apreciar el trabajo como de gran valor para Dios, bajo la condición de que lo pusiera en armonía con Él, en todos los aspectos posibles. Como creyente y como empresario, ya no era un ciudadano de segunda clase ni necesitaba dejar mis convicciones de cristiano y los valores bíblicos a la puerta de la oficina cuando acudía al trabajo los lunes por la mañana.

Una cosmovisión bíblica comporta implicaciones fenomenales en el secular pensamiento griego occidental que impera en algunos de nosotros. Si se lo permitimos, la Biblia nos habla del gobierno, la economía, la educación, las ciencias, las artes, las comunicaciones y, por supuesto, también de los negocios. En realidad habla de toda la vida.

11
La verdad imperecedera

A medida que tomaba con más seriedad mi propio estudio de la Biblia, comencé a apreciar lo desconectados que estaban los negocios de las verdades que tan bien nos habían servido durante tantos años. Desde los más tempranos días de nuestra nación, y en contra de los largos años de influencia griega, surgió una norma bíblica para formar el fundamento de nuestras ideas y valores. Tenemos que agradecer a nuestros padres peregrinos y a sus seguidores por haber inculcado tan sólido pensamiento en la cultura dominante de los Estados Unidos.

Pero así como esas fuertes (y exitosas) ideas nos han servido, también han perdido el favor de la población con aterradora rapidez, y ahora el paisaje se ve otra vez manchado con alternativas contemporáneas basadas en el humanismo. Si miramos atrás, podemos comprobar que el pensamiento griego nunca estuvo, realmente, muy por debajo de la superficie.

¿Recuerda usted aquellos días cuando, en lugar de largos y complejos contratos legales, un simple apretón de manos era suficiente? ¿Recuerda cuando era raro cerrar con llave la puerta de su casa y no temíamos caminar por las calles del barrio después del anochecer?

Desafortunadamente, un cambio gigantesco en nuestra cultura ha violentado las cualidades de carácter que eran el distintivo de nuestra nación. Esto está ilustrado de forma explícita en la muy popular obra de Stephen Covey, uno de los escritores y conferenciantes que goza de más respeto en los Estados Unidos, que va dirigida a las personas del mundo de los negocios.

Un cambio radical

En su éxito de ventas nacional número uno, *The Seven Habits of Highly Effective People* (*Los siete hábitos de las personas altamente eficaces*), Covey cuantifica lo que yo mismo he presenciado en mi propia participación en los negocios: un abandono radical de los valores históricos de nuestra nación. Emprendió un estudio cuidadoso del éxito en la literatura publicada en los Estados Unidos desde 1776, y observó cómo emergía un sorprendente patrón en el contenido de la literatura.

> La literatura de éxito de los pasados cincuenta años era superficial (...) llena de técnicas y soluciones rápidas (...) con curitas y aspirinas sociales (...). En marcado contraste, casi toda la literatura de los primeros 150 años, más o menos, se enfocaba en lo que podría llamarse la ética del

carácter como fundamento del éxito: temas como integridad, humildad, fidelidad, templanza, valor, justicia, paciencia, diligencia, simplicidad, modestia y la regla de oro. Así, en poco más de una generación, hemos abandonado en gran medida las cualidades perdurables de carácter que forjaron nuestra historia.

En cuanto a mí, las lecciones aprendidas en la niñez me dejaron impresiones indelebles; por ejemplo, cuando mis padres regresaron a una tienda donde habían comprado para devolver el exceso de cambio que un dependiente les diera por error. O el día en que mi padre y yo estábamos transportando una carretilla en el portaequipajes de nuestro automóvil y no nos dimos cuenta de que se había caído a la carretera. Regresamos a buscarla y la encontramos a un lado del camino, custodiada por un hombre de buen corazón que la había visto caer y se quedó allí para asegurarse de que la recuperáramos sana y salva. O el maravilloso ejemplo de Max, mi primer jefe y mentor, a quien indignaba cualquier forma de conducta deshonesta, desde sobrecargar las cuentas de gastos hasta aplicar precios excesivos en los contratos con el Gobierno. La mentalidad de «todo el mundo lo hace» no surtía efecto en mis padres o en Max.

La raíz bíblica

A medida que estudiaba la Biblia más a fondo, descubría el fuerte énfasis en los valores absolutos y en el carácter. Los límites morales eran inequívocos. Por ejemplo, tres de las cualidades de carácter mencionadas por Covey, la integridad, la humildad y la justicia, son temas dominantes en las Sagradas Escrituras. En solo dos libros de la Biblia, Salmos y Proverbios, la palabra 'integridad' se menciona nueve veces; 'humildad', once veces; y 'justicia', en unas notables veintinueve ocasiones.

Descubrí que el libro de Proverbios, en sí mismo, es una auténtica mina de oro de sabiduría práctica y conocimiento profundo. Como lo expresara, reciente y sucintamente, un conferenciante en un almuerzo para los líderes de algunas empresas: «¿Quieren saber cómo manejar sus empresas? Consigan una Biblia y lean el libro de Proverbios».

A través de los años, he llegado a esta firme convicción, de incalculable valor para nosotros: tengamos a mano las eternas y maravillosas verdades de la Palabra de Dios. Incluso, la misma Biblia da testimonio de su valor y vigencia. «La suma de tu palabra es verdad», dice el escritor del Salmo 119. Y hablando de su permanencia, dice: «Para siempre permanece tu palabra en los cielos».

Asar la presa

He descubierto que la Biblia es más que una norma teórica: es una brújula confiable y práctica que dirige la vida. Por ejemplo, quizás le sorprenda saber que un pasaje del capítulo 12 del libro de Proverbios tenga algo que ver con mi decisión de escribir este libro. Dice: «El indolente ni aun asará lo que ha cazado». ¡Obviamente este proverbio no dice nada acerca de escribir libros! Sin embargo, cuando investigué el contexto, descubrí que el versículo habla de un cazador que mata a un animal grande en el bosque, pero no realiza el duro trabajo de cobrar la pieza, desollarla, destazarla y ofrecerla como comida para los demás.

Pensé: «Yo no soy como ese hombre. Trabajo duro y soy de todo menos perezoso». Entonces sentí la insinuación del Señor, que me recordaba que he gozado de toda una vida llena de experiencias enriquecedoras en los negocios, donde Él me ha enseñado muchas cosas que podrían ayudar a otras personas. Para mí, no escribirlo constituiría pereza: sería como no asar lo que he cazado. El resultado de esa impresión de Proverbios es el libro que usted tiene ahora en sus manos, un ejemplo de mi propia experiencia, de que la Biblia puede ayudar a conferir una dirección práctica en las decisiones que tomamos.

Así, la Biblia supone un recurso increíble para nosotros, una guía vigorosa y confiable. Se ha convertido para mí en una especie de brújula corporativa. Cuanto más tiempo paso con ella, más me instruye, me desafía y me alienta con verdades eternas que alcanzan todas las dimensiones de la vida, incluyendo los aspectos cotidianos de mi trabajo.

El aula de la vida

Y es a este campo de acción al que ahora volvemos en la tercera parte. A «la hora de la verdad»: la aplicación práctica de los principios, a los asuntos que afrontamos en el mundo del trabajo, donde necesitamos sabiduría y conocimiento profundo para saber y hacer lo correcto. La Corporación Beckett, con todos sus defectos, será nuestro marco de referencia, pues ha sido nuestro laboratorio, un lugar donde hemos aprendido mucho, nos hemos tropezado a menudo, pero nos hemos levantado otra vez.

Además de comunicar nuestras experiencias, procuraré vincular las lecciones que hemos aprendido a las instalaciones de la planta y las oficinas con las percepciones de la Biblia. A la postre, esta es la aportación que quiero realizar por medio del presente libro, porque mucho después de que cada uno de nosotros haya llegado y se haya ido, la Palabra de Dios permanecerá. Sus verdades son para todas las estaciones y para todas las generaciones.

También quiero poner el énfasis en que las cosas específicas que hemos aprendido en nuestro negocio pudieran o no aplicarse a su situación. Así como usted es un individuo único, cada empresa es única, con una personalidad corporativa forjada por su propio personal, su historia, sus productos, sus servicios, sus costumbres e incluso sus problemas. En cuanto a aplicar las lecciones aprendidas de la experiencia de otras personas, resulta útil el consejo que un amigo mío me ofreció cuando estábamos comiendo pescado: «Es importante comer la carne y escupir las espinas». Si algo que comparto no le parece una verdad aplicable a usted y a su situación, siéntase en la libertad de descartarlo. Pero confío en que encontrará, como nosotros, estas dos realidades básicas: primero, hay aspectos vitales de la fe que pueden trasladarse a su trabajo; y segundo, la Biblia puede servir de guía responsable e infalible para establecer esa conexión.

Que lo que hemos aprendido, y todavía estamos aprendiendo, le ayude, aunque sea solo un poco.

TERCERA PARTE

Aplicaciones

12

Valor infinito

Al final de la primera sección de este libro dejamos la narración a mediados de los años setenta. En aquel tiempo, la Corporación Beckett era pequeña pero estaba cobrando impulso. Confío en que haya mantenido abrochado el cinturón de seguridad durante la turbulencia de la segunda parte, «Panorama general», y la haya atravesado sin demasiados golpes o moretones. Pasaremos, rápidamente, a mediados de los años noventa, para continuar con la visita de Peggy Wehmeyer y el equipo del noticiario de la ABC a nuestra compañía. Pero primero expondré un rápido resumen de los veinte años intermedios.

Durante esas dos décadas nuestra empresa experimentó enormes cambios. Las ventas se multiplicaron más de doce veces y la tasa de empleo se cuadruplicó. Vimos nuestra industria consolidarse, con menos competidores en el mercado. Topamos también con nuevos y variados retos que nos pusieron a prueba seriamente, incluso superamos dos enormes crisis energéticas internacionales. No obstante, para mediados de la década de los ochenta, nuestra compañía había evolucionado hasta llegar a ser la productora más grande del mundo de quemadores de petróleo para la calefacción residencial. Además, pudimos diversificarnos con éxito y comenzar dos importantes negocios nuevos relacionados con el producto. De manera que, en el momento del presente escrito, la nómina combinada de las compañías excede las quinientas personas y se generan cerca de cien millones de dólares en ventas anuales.

Hemos optado por permanecer como empresa privada, y estamos viendo a la siguiente generación de miembros de la familia ocupar puestos de liderazgo: Kevin, nuestro hijo mayor, y Morrison Carter, nuestro yerno, casado con Kirsten, nuestra hija mayor. En el frente doméstico, a mediados de los años setenta, nacieron dos hijos más, Jonathan y Joel; se aumentó así nuestra familia a seis hijos: tres varones y tres mujeres. Más recientemente hemos gozado de la bendición especial de ver algunos nietos añadidos a la familia.

¿Qué nos hace diferentes?

Era obvio que Peggy se había documentado bien antes de venir a entrevistarnos en el verano de 1995. Estaba al tanto de que la Corporación W. R. Beckett se había convertido en líder del mercado en la industria de la calefacción. Sabía que la compañía había logrado una excelente reputación en la comunidad y que nos cotizábamos como un buen lugar para trabajar. Pero, como periodista de un reportaje, estaba interesada en las noticias, sobre todo en las que sustentaran su trabajo investigador acerca de la relación de la fe con nuestro trabajo.

Enseguida se puso a trabajar en serio, indagando, hurgando, queriendo saber qué hacía distinta a la Corporación Beckett.

—John, ¿en qué sentido es diferente su empresa, como resultado de aplicar principios bíblicos?

Yo sabía que lo que nos ponía en una categoría aparte iba más allá de los factores de éxito fundamentales que caracterizan a muchos otros excelentes negocios: buenos productos, alta calidad, atención cuidadosa, servicio al cliente. Era una cualidad diferente que, con frecuencia, está ausente en los actuales lugares de trabajo.

—Peggy —le dije—, probablemente es la manera de apreciar a nuestro personal.

—¿Puede ser más específico? —respondió—. Todos los negocios que conozco hablan de la importancia del personal, pero en realidad hay muchos empleados que están «quemados». Sienten que sus compañías se preocupan por todo lo demás, más que por ellos. Escucho cómo hablan todo el tiempo de las utilidades, del valor del socio accionista, del rendimiento del capital invertido…

—Lo sé —dije—. Lo veo muy de cerca. Entrevisto en persona a los candidatos finalistas para cada trabajo de la compañía y escucho historias muy tristes sobre cómo los han maltratado en trabajos anteriores.

—¿Usted entrevista a todos ellos? Eso resulta bastante inusual. ¿Por qué lo hace?

—Comencé a hacerlo hace muchos años, cuando me di cuenta de la diferencia de comprensión y confianza que generaban en un nuevo empleado estas entrevistas. Desde luego, por lo general están muy nerviosos de tener trato directo con el jefe, pero intento tranquilizarlos. Los hago hablar de ellos mismos, de sus intereses y de sus pasatiempos, de lo que han hecho y de lo que les gustaría hacer. Es asombroso lo valiosos que resultan esos quince o veinte minutos. Después de todo, es el inicio de una relación que pudiera durar décadas.

—Claro, puedo apreciar el valor de esto —dijo Peggy—. ¿Existe algún principio bíblico implicado aquí?

Guardianes en las puertas

—Noté en el Antiguo Testamento —expliqué— que en las antiguas ciudades amuralladas había puertas donde se sentaban los ancianos para determinar quién entraba y quién salí. Observé un paralelismo: aquellos que entren por nuestras puertas como empleados surtirán un impacto profundo en el éxito de nuestra compañía. Intento evaluar los asuntos de carácter, como el deseo de trabajar, el respeto a la autoridad, el temperamento básico. ¿Se integrará bien esta persona con los otros empleados? Básicamente, ¿es él o ella la persona adecuada para nosotros? Incluso intento conocer a los cónyuges de los candidatos a los puestos más altos y les ayudo a comprender nuestra compañía.

—¿Y los resultados? —preguntó Peggy.

—Ciertamente cometemos errores —respondí—. Pero creo que la minuciosidad ha resultado una excepcional fuerza laboral. Muchos han desarrollado su carrera en la compañía, y encontramos que hay un excelente estado de ánimo y orgullo. Un buen indicador es de qué manera tan positiva hablan de su trabajo con los amigos de la comunidad.

El valor del individuo

—No estoy segura de que hayamos tratado aún el asunto principal, John. ¿Por qué el énfasis en el valor individual?

—Pienso que lo que importa es ver a las personas como Dios lo hace. Percibimos esta perspectiva inicialmente en Génesis, el primer libro de la Biblia. Allí dice, describiendo la creación, que Dios hizo al hombre y a la mujer a su propia imagen y semejanza. Eso resulta, en realidad, muy asombroso. Los atributos únicos de los seres humanos, como la capacidad de pensar, razonar, adorar, sentir alegría y tristeza, usar el lenguaje... Todos provienen de la misma naturaleza de Dios.

»Entender esto realmente cambió la manera de ver no solo a mí mismo, sino a otras personas. Llegué a la conclusión de que debo asignar un alto valor a cada persona y nunca mirar a nadie por encima del hombro, con independencia de su rango o condición en la vida. Peggy, hay algo sagrado acerca de cada individuo. Puesto que Dios le atribuye un valor único e infinito a la persona, cada una merece nuestro respeto más profundo.

Peggy continuó su interrogatorio:

—¿Está expresada esta visión en alguna parte de sus declaraciones en la filosofía corporativa?

—En efecto —asentí—. Hemos establecido tres «valores duraderos» que deben incluirse y aplicarse en todas nuestras compañías. Uno de ellos es el *respeto profundo hacia el individuo.* Expresamos que queremos que nuestro trabajo y nuestras relaciones en él sean dignos, desafiantes, gratificantes y agradables. Atribuimos una alta prioridad al continuo bienestar y crecimiento individual de nuestros empleados.

El concepto ante las cámaras

—John, me gustaría seguir hablando —dijo Peggy—, pero tenemos un equipo de camarógrafos listo para grabar. Necesitamos ver alguna prueba visible de lo diferentes que son las cosas en su compañía.

Tuve que detenerme y pensar. ¿Dónde puede apreciarse mejor representado el énfasis que ponemos en el valor individual? Después de todo, las políticas y las prácticas, por su misma naturaleza, se incorporan al sistema como parte de la cultura de una compañía y, a menudo, nunca se captan.

Mientras hablábamos de las características que distinguían a la compañía, Peggy escogió sacar a relucir nuestra política para los padres y madres de los recién nacidos. Expliqué que cuando estudiaba este tema, nuestro equipo administrativo se enteró de que los primeros tres años de vida de un niño son críticos para establecer un vínculo estrecho entre la madre y el niño, un vínculo que puede producir beneficios para toda la vida. Cuando la madre se ausenta durante, más o menos, veinte horas a la semana, ese vínculo se debilita de forma marcada.

Como resultado, establecimos la política de ofrecer a los empleados la elección de quedarse en casa hasta veintiséis semanas. Durante este período mantenemos la cuarta parte de sus ingresos y les prestamos otra cuarta parte adicional, proveyendo así hasta la mitad de su sueldo normal. Después pueden regresar a trabajar a media jornada, compartir el trabajo con otro o realizarlo en casa (dependiendo ambos de la disponibilidad), durante un período de hasta tres años después del nacimiento de su hijo.

Peggy se entusiasmó y quiso captar este beneficio en vídeo; se dirigió entonces con el equipo de filmación a la casa de Nancy Borer. En el corredor de la casa, Nancy y su marido (en medio de las objeciones de su bebé en brazos) explicaron lo que significaba para ellos que Nancy pudiera quedarse en casa con el bebé.

Después el equipo de cámaras visitó otra vivienda, donde Chuck y Patty Visocky, con mucho orgullo, presentaron a los niños que habían adoptado recientemente en Colombia (Sudamérica): cuatro huérfanos de la misma familia. Para ayudar en la adopción la compañía concedió a los Visocky una licencia remunerada para que pudieran viajar a Colombia. En la actualidad la compañía cuenta con la política de ofrecer mil dólares a los padres por cada hijo que adopten. Le expliqué a Peggy que en unos tiempos en los que el valor de los niños parece estar menguando queremos tomar una dirección diferente enfatizando su valor.

Luego, el equipo de la ABC exploró nuestra política educativa, hablando con varios empleados que estaban recibiendo cursos para perfeccionar sus habilidades. Escogieron a Eric Hess para su entrevista. El padre de Eric había trabajado en la compañía como director de Calidad. Cuando Eric se graduó de Secundaria, su padre le recomendó que solicitara trabajo en la compañía. Eric comenzó en la planta de producción y mostró muy buenos hábitos y actitudes de trabajo. Con el tiempo, se le presentó una oportunidad para trabajar como técnico de laboratorio. Pero después de varios meses en ese puesto concluyó que no era para él.

Algunas compañías consideran el final del camino para un empleado cuando rechaza una promoción, pero nosotros animamos a Eric a regresar a un trabajo en la planta, similar al que había dejado. Simplemente no había encontrado su lugar aún y aquel proceso tomaría tiempo. Más adelante, Eric mostró interés por la supervisión, y se le realizaron pruebas que confirmaron su aptitud para dirigir a otras personas. Entonces accedió a un programa educativo para supervisores, financiado por la compañía, y al poco tiempo se convirtió en una de las personas más capaces en ese puesto de trabajo clave.

Respeto profundo

Así como Nancy, Chuck y Eric, otros empleados contaron sus historias ante las cámaras, y cada uno expresó una dimensión demasiadas veces ausente en el lugar de trabajo: el aprecio y el cuidado genuino por el individuo.

De una forma magistral, Peggy y el equipo de cámaras retrataron nuestra visión del valor de la persona, y los espectadores de la ABC pudieron ver otro aspecto de los negocios: el lado humano, basado en la dignidad y el valor intrínseco. Logramos mostrarle a Peggy que el lado humano y el lado económico no son mutuamente excluyentes.

—También hemos podido producir ganancias mayores al promedio y rendimientos excelentes para los accionistas —expliqué.

Estoy convencido de que la mayoría de los empleados desean que sus compañías prosperen. Saben que su éxito depende del éxito del empleador, y trabajarán duramente para contribuir. Pero se los debe proveer de un ambiente de trabajo digno y solidario. Deben apreciarse como valiosos, importantes y dignos. Llevan la imagen de Dios y, si son de valor infinito para Él, por supuesto que no merecen menos que nuestro más profundo respeto.

13

Los planos

Un plano describe, exacta y totalmente, todo lo que se necesita para completar la creación del diseñador.

A veces resulta más fácil para nosotros ver a Dios como el gran diseñador del universo más que como el arquitecto meticuloso de nuestra vida y de nuestro destino. Sea para una galaxia, un planeta, una organización, un hombre o una mujer, las Escrituras muestran que existe una dirección determinada por Dios. Es deliberada, no hecha al azar. Es ordenada, no desordenada. Algunos son llamados de una forma, otros de una diferente. Algunos están dotados o equipados de una manera particular, otros de manera distinta. Uno se desenvolverá en cierto campo de actividad, aquel funcionará en otra esfera muy distinta.

Entender el plan de Dios nos ayuda a comprender con mayor profundidad nuestras oportunidades y nuestra responsabilidad en el lugar de trabajo.

Me doy cuenta de esto cuando pienso en Jerry.

Jerry comenzó trabajando en la planta de producción de nuestra compañía en cuanto salió de la escuela secundaria. Como sus compañeros, pensaba trabajar poco tiempo y después continuar con algo diferente. Pero descubrió que disfrutaba de las relaciones de trabajo, e incluso encontró el empleo en sí desafiante e interesante.

Era un buen atleta y jugaba de mediocampista en el equipo de sófbol[9] de la compañía, donde ayudaba al equipo a ganar en una liga de la ciudad. Allí, hombro con hombro con los empleados de otras empresas, se dio cuenta de que la empresa donde él trabajaba tenía cosas muy buenas, y comenzó a pensar en un compromiso a largo plazo.

Un día la flecha del amor le dio de lleno en el corazón: Jerry quedó prendado de la mirada de Belinda, una joven y atractiva secretaria que había llegado a nuestra compañía mediante la adquisición de un producto. Pronto se casaron y Belinda dejó el trabajo para cuidar de la familia. No había mucho dinero, pero gracias a una administración cuidadosa pudieron salir adelante con los ingresos de Jerry y con la pequeña ayuda de algunos trabajos administrativos que Belinda podía realizar en su casa.

9. El sófbol es una variedad del béisbol.

Entonces Jerry se tomó más en serio su carrera y recibió algunos cursos en un centro educativo de la comunidad. Poco después quedó un puesto vacante de técnico de laboratorio en nuestro Departamento de Ingeniería, y Jerry solicitó la plaza y la ganó. Aprendió los detalles técnicos de nuestros productos y resultó de gran ayuda para cerrar la brecha existente entre el Departamento de Ingeniería y la planta de producción, porque conocía bien tanto el proceso de producción como al personal.

Progreso

La compañía estaba ampliando el campo de la formación laboral, lo cual requería que trabajáramos cerca de los instaladores y contratistas. Entonces surgió una vacante de instructor, y Jerry fue otra vez el candidato ganador. En el trabajo se reunía con los clientes, a quienes causaba una buena impresión por sus conocimientos técnicos y el trato con las personas, respaldada por una gran solvencia moral. (Los clientes todavía me llaman para alabar su excelente trabajo y la manera positiva en que se expresaba cuando se refería a la empresa). Cuando no estaba fuera impartiendo sus conocimientos, ayudaba al personal a resolver cuestiones técnicas sobre los quemadores a través de nuestra línea telefónica gratuita.

La compañía decidió instalar un gimnasio, y Jerry se ofreció voluntariamente para ayudar en el proceso durante su tiempo libre. Más tarde se hizo cargo de un equipo de empleados para supervisar las actividades del centro y promover el concepto integral de una buena condición física entre nuestros empleados.

Recientemente fue nombrado el máximo responsable de nuestro programa de capacitación, donde cuenta con otras personas a su cargo. Jerry goza de una muy buena reputación, y aquel mismo año los altos directivos de nuestra compañía lo eligieron para recibir el premio exclusivo del presidente, que se presenta en la cena de Navidad de la empresa.

El plan único

En resumen, Jerry es un empleado muy apreciado. Albergamos grandes expectativas de que continuará progresando, creciendo en sus formas de participación y disfrutando durante todo el proceso. Tiene un destino en Dios: existe un plan que es único para él, fue creado con un propósito. Como sus empleadores, es nuestro privilegio proveer a Jerry de un contexto para su crecimiento que le permita encontrar el plan que Dios ha diseñado para su vida y encajar en él.

Hay muchos otros como Jerry en la compañía. Penny, por ejemplo, comenzó con nosotros hace más de veinte años como empleada interina. Hoy es nuestra directora de Recursos Humanos y miembro de nuestro equipo ejecutivo. Las contribuciones de Penny han sido tremendas durante este período y sus aptitudes y valor han ido en aumento continuamente.

Me siento muy complacido de estar rodeado de personas como estas que de verdad aman los lunes.

Con anterioridad mencioné tres dimensiones del plan de Dios: el llamado, los dones y la esfera. Aquí las desarrollo con mayor detalle.

El llamado

En general pensamos acerca de un llamado en términos religiosos, como el llamado al ministerio. Pero un llamado, o una vocación, van más allá de la connotación meramente religiosa. Podemos ser llamados a las artes, al atletismo, al servicio en el Gobierno o a los negocios. Si es de Dios, es un llamamiento legítimo y superior. En otras palabras, ¡usted puede «ordenarse» fontanero! Las personas llamadas a los negocios disponen de muchas oportunidades de servir que no se encuentran al alcance de los que enfocan su vocación al ministerio religioso de manera específica.

Tendemos a pasar por alto el llamado a las actividades no religiosas, que muchos prominentes personajes bíblicos realizaron en diversos momentos de su vida. José fue administrador para el faraón de Egipto; Moisés y David cuidaban ovejas; Pedro fue pescador; Lydia manejaba un negocio de ropa y Pablo elaboraba tiendas.

Uno de mis ejemplos favoritos es Daniel, un joven cautivo de los babilonios. Era una persona de carácter excelente y habilidades excepcionales, llamada a ser el equivalente de un funcionario público de hoy (¡en un oficio no de su elección y en un país extranjero!). Tan convincentes eran su sabiduría y su conducta que el rey Nabucodonosor lo promovió para ser gobernador de toda la provincia de Babilonia y administrador jefe sobre todos sus sabios. Más tarde, la efectividad de Daniel lo hizo ascender a puestos claves bajo el reinado de otros reyes paganos.

Los líderes de los negocios pueden constituirse en instrumentos para ayudar a las personas a encontrar su llamado y cumplir con él.

Michael Novak, un teólogo católico, cubre este importante punto muy bien en *Business as a Calling* (*Los negocios como un llamado*). Cita a Kenneth Lay, presidente y director ejecutivo de Enron Corp., la compañía de gas natural más grande de los Estados Unidos:

> He sido, y soy, un firme creyente de que una de las cosas más satisfactorias de la vida es crear un entorno altamente moral y ético en el que a

cada individuo se le permita lograr el potencial que Dios le dio y se lo aliente para ello.[10]

En nuestra compañía tenemos cuidado en el proceso de la entrevista para discernir si el solicitante ha sido llamado a trabajar con nosotros. Encontramos útil mantener muchas entrevistas para después comparar apuntes. Realizamos una serie de pruebas buscando, según nuestras necesidades de trabajo, una contraparte de las habilidades. Comprobamos las referencias para aprender de las anteriores experiencias de trabajo. Vinculamos la contratación con la oración.

Este acto marcará una tremenda diferencia más tarde, sobre todo cuando un empleado esté luchando con algo en el trabajo, porque podrá decir: «Sé que esto es lo que me han llamado a hacer. Se supone que debo estar aquí».

Los dones

La Biblia también dice que algunas personas han sido dotadas o capacitadas. En la primera carta del apóstol Pablo a los corintios este usa la analogía del cuerpo humano para explicar cómo los diferentes dones se complementan mutuamente: «Además, el cuerpo no es un solo miembro, sino muchos (...). Pero ahora Dios ha colocado cada uno de los miembros en el cuerpo como Él quiso».

10. A mediados de 2002, InterVarsity Press, la casa editorial que publicó *Loving Monday* (*¡Por fin lunes! Integrando trabajo y fe*), trató conmigo sobre la citada referencia a Ken Lay:

—¿Quiere mantener la cita en el libro? Con el desplome de Enron, Lay no es exactamente el mejor ejemplo para ilustrar el punto que usted está señalando.

En principio decidí buscar un sustituto. Entonces recordé el candor de las Escrituras: los relatos sin adornos de los estimados líderes que tropezaron. Miré a Ken Lay desde este punto de vista. En efecto, seis meses después de desplomarse su compañía, en una entrevista del 26 de abril de 2002, realizada por el *Wall Street Journal*, Lay reafirmó su compromiso con el personal de la compañía: «Uno de los grandes éxitos de Enron fue crear una cultura, un entorno, donde las personas pudieran intentar alcanzar el potencial que Dios les ha otorgado (...). Siempre estuve a la vanguardia intentando asegurarme de que nuestro personal viviera y honrara en serio [nuestros] valores: respeto, integridad, excelencia. La integridad y el carácter son increíblemente importantes para mí».

Aún así, el artículo también expone cómo en 1999 Enron relajó el cumplimiento preciso y exacto de las reglas de conflicto de intereses que se diseñaron para resguardar la compañía de la misma clase de transacciones que la abatieron.

Un llamado al liderazgo implica grandes responsabilidades. Las buenas intenciones deben respaldarse con una vigilancia rigurosa. Los líderes deben dar ejemplo de lo que predican y deben ocuparse de que los demás, a quienes tratan de guiar, hagan eso también.

Apreciamos la aplicación de este principio de los dones especialmente en la ubicación de las personas en el trabajo. Jerry es un buen ejemplo de una persona con habilidades latentes que necesitaron desarrollarse y tener oportunidades. Eric, ya mencionado, topó con un callejón sin salida antes de que sus dones fueran identificados y pasara a ocupar un puesto de supervisor, donde ha sobresalido.

Ponemos el énfasis cada vez más en los equipos de trabajo, donde una combinación de dones cobra particular importancia. Uno puede ser más analítico, otro tiene mayores habilidades verbales. Uno trabaja mejor con los detalles, otro es hábil percibiendo el panorama global.

Evaluar funciones es una herramienta valiosa para aconsejar a los empleados. Cuando revisamos el funcionamiento de una persona, obviamente volvemos la mirada atrás, pero la tónica es mirar hacia adelante. ¿Para qué quiere prepararse? ¿Cómo podemos ayudar?

La capacitación cruzada es también una guía útil. Se coloca de forma temporal a una persona en otro trabajo. Por ejemplo, un empleado de producción se traslada a inventarios o a control de calidad. Después de esta nueva experiencia laboral, la persona poseerá una mejor idea sobre prepararse o no para un diferente tipo de trabajo en la compañía y posiblemente realice cursos para alcanzar esa meta.

La esfera

La tercera dimensión del diseño de Dios es la esfera. En el libro de Hechos leemos que Dios «...ha hecho todo el linaje de los hombres para que habiten sobre toda la faz de la tierra, y les ha prefijado el orden de los tiempos y los límites de su habitación». Usted vive en cierto período de la historia y nació en un cierto lugar por diseño de Dios. Asimismo, Dios es quien nos pone en las áreas de responsabilidad. El apóstol Pablo era consciente de esto cuando dijo a los corintios que estaba decidido a operar dentro de los límites de la esfera que Dios le había adjudicado.

Nuestras empresas tienen esferas que implican áreas de experiencia, competencias de fondo. Cada vez que nos alejamos de estas áreas, podemos meternos en problemas; esto es un hecho confirmado por el ejemplo de muchos conglomerados de empresas que agotaron su capacidad porque su administración, de forma ingenua, pensó que si podían hacer bien una cosa podrían hacerlo todo bien. Nos va mejor cuando nos quedamos en las cosas que sabemos hacer. Hasta el brillante jugador de baloncesto, Michael Jordan, aprendió esta lección cuando durante una temporada vistió un uniforme de béisbol.

Para mí supone un gran consuelo saber que no tenemos que ser hábiles en todo. Es un alivio poder decir 'no' con una conciencia limpia cuando nos damos cuenta de que lo que se nos pide va más allá de nuestra área de llamado o se encuentra fuera de nuestra esfera. Es simplemente el reconocimiento de que existe un plan para nosotros en el diseño de Dios.

He observado a través de los años que la gracia de Dios se halla más disponible cuando estamos operando dentro de nuestras áreas de llamado, dones y esfera. Cuando nos salimos de esas áreas y emprendemos una lucha desmesurada por hacer las cosas o para ser efectivos, puede ser hora de volver a la realidad. Pudiéramos estar viendo una indicación de que hemos ido más allá de los linderos de la gracia de Dios y estamos esperando más de lo que a Él le complace dar. Esto puede ser cierto para los individuos y para los negocios.

En contraste, es algo maravilloso cuando nos hallamos centrados en nuestro llamado, utilizando nuestros dones y operando en la esfera que Dios nos asignó.

En la medida de lo posible, queremos que nuestro lugar de trabajo ofrezca tales condiciones. Como Jerry, nuestros empleados tienen un destino. Necesitan estar en un entorno de trabajo donde se promuevan la formación, la experimentación y el crecimiento; donde el llamado supremo de Dios se pueda realizar; donde puedan descubrir y cumplir con el plan de Dios para su vida.

14
Problemas, problemas, trabajos y problemas

A pesar de los mejores diseños, las cosas no siempre resultan como se propusieron. Parece que no podemos escaparnos de los problemas o evitar las dificultades.

Pasamos mucho tiempo planificando y tomando medidas preventivas para evitar los problemas, como ciertamente debemos hacerlo. Sin embargo, a pesar de nuestros mejores planes, los problemas nos encuentran. Hay una razón para los problemas, las presiones, las dificultades, las molestias de la vida. La verdad incómoda es que forman parte del diseño de Dios. Pero cuando los encontramos nos pueden dejar frustrados, confundidos y desalentados. Esto es tan cierto en las familias como en los negocios.

Cuando era adolescente tuve un problema que me ayudó a comprender cómo se deben y cómo no se deben manejar las dificultades. La lección me ha servido bien a lo largo de mi carrera profesional.

Los problemas nos encuentran

Acababa de cumplir trece años de edad y estaba disfrutando de unas cortas pero muy especiales vacaciones con mi padre, en la casa de campo de mi tío en los bosques del norte de Canadá, a unos mil kilómetros de casa. Allí el problema surgió cuando un incidente entre mi padre y mi tío, su hermano mayor Harold, detonó una disputa tan acalorada que nuestras breves vacaciones estuvieron a punto de llegar a un abrupto y amargo fin.

Empezó de una manera bastante inocente. Al tío Harold se le ocurrió que a su joven sobrino le gustaría ver sus naipes favoritos que mostraban —sí, lo adivinó— una galería de superdotadas mujeres desnudas. Mientras miraba boquiabierto una provocativa pose tras otra, mi padre entró en la habitación, deseoso de salir al lago a pescar lubinas.

Tal vez fue mi mirada furtiva y mi torpe esfuerzo por esconder los naipes que estaba sujetando, o fue el insólito instinto que un padre tiene cuando su hijo corre algún riesgo. Al caer en cuenta rápidamente de la situación, mi padre explotó:

—Harold, ¿cómo puedes cometer una torpeza como esta?

Harold estaba aturdido:

—Reg, no seas santurrón. Es joven. ¡No puedes protegerlo siempre!

Las imágenes de físicos atractivos eran una parte del mundo de Harold. Era un artista, un arquitecto de gran reputación que había diseñado algunas de las casas, bloques de oficinas y jardines públicos más imponentes de Canadá. Para él los desnudos eran arte, algo de gran belleza.

—No es así —argumentaba en contra mi padre.

Aquello era pornografía cruda. Y allí, su propio hermano (de casi sesenta años, no un mozalbete descarriado) le estaba exponiendo de manera insensible a su hijo John unas imágenes viles y vergonzosas.

—Haz tus maletas, John —dijo mi padre indignado—. Nos vamos a casa.

Minutos más tarde nos deslizamos en nuestro pequeño bote de cedro. De un solo tirón mi padre puso en marcha el motor fuera de borda y nos apartamos del muelle. Me mordí el labio, tratando de disimular mi total desilusión. ¿Por qué tenía que ocurrir esto? ¿Por qué tuvo que interrumpirse aquella excursión tan especial con mi padre, en medio de una furia de temperamentos y palabras rudas?

Cómo deshacer los malentendidos

A unos cien metros de la ribera me di la vuelta y perdí de vista el horizonte distante para mirar a mi padre. Bajo circunstancias normales me hubiera dejado tripular el bote, excepto esa mañana en que retuvo el mando: estaba seguro de haber visto cómo las lágrimas le humedecían la bronceada cara. De repente, tirando con determinación de la caña del timón, dijo en tono circunspecto:

—John, vamos a regresar.

Yo estaba seguro de que había olvidado algo importante.

A lo lejos, podía vislumbrar al tío Harold que estaba tras la ventana de la casa de campo, mirando fijamente hacia el lago. A medida que el bote se acercaba, mi tío comenzó a caminar a paso cansino hacia el muelle para averiguar lo que había salido mal. Entonces aprecié algo más. En esos breves momentos, la intensa y justa ira de mi padre había topado con un amor igualmente poderoso y profundo hacia su hermano. Lo primero estaba cediendo terreno a esto último. Mi padre regresaba para deshacer un malentendido. Demasiados años. Demasiadas experiencias compartidas. Demasiado estaba en juego para dejar que este incidente se convirtiera en una herida enconada que quizá nunca sanase. Era mejor hacer las paces ahora. Con la cabeza todavía dando vueltas, observé asombrado cómo aquellos dos fornidos hermanos, de voluntad fuerte, se encontraron en el muelle y extendieron sus brazos al mismo tiempo para fundirse en un prolongado abrazo. Se dijeron pocas palabras. No eran necesarias. Lo entendieron. Nunca más violaría Harold el cuidado paternal de Reg hacia su hijo. Nunca más menospreciaría el sentido intenso de mi padre acerca del bien y del mal ni arriesgaría su relación.

Descargamos el bote y entonces pudimos completar nuestras vacaciones, con el aire estupendamente limpio y las semillas de una valiosa lección sobre la vida sembradas en lo profundo.

La pasión de mi padre por sus creencias lo había inducido a correr el riesgo de romper con el mayor de sus cinco hermanos. No obstante, sin arriesgar esa pasión, había encontrado un lugar para el perdón y la reconciliación. Por la gracia de Dios, en lugar de rehuirlo, afrontó el problema y lo resolvió. Y en el proceso transmitió una lección indeleble a su hijo: no podemos volver la espalda a los problemas. Quizá su ejemplo me ayudó a forjar la resistencia que necesitaría años más tarde al afrontar dificultades, en apariencia infranqueables, en el negocio y en otras áreas de la vida.

Problemas hasta en la Biblia

La Biblia es muy franca describiendo las dificultades, las tentaciones y las pruebas que hombres y mujeres han afrontado a lo largo de la historia. Ninguno de aquellos cuyas vidas se presentan en las Escrituras rehuyó los problemas.

El relato de Génesis sobre los primeros seres humanos hace constar que las dificultades que encontramos no fueron la determinación original de Dios. Él creó a Adán y Eva en unas condiciones ideales donde disfrutaban de la compañía íntima de su Creador. Cuando Adán y Eva pecaron por su desobediencia, esta relación quedó permanentemente alterada. Toda la creación, incluyendo la familia humana, fue sometida a una maldición que se caracteriza por las tribulaciones y los problemas.

Jesús llegó para restaurar todo lo que Adán y Eva perdieron, un proceso que un día terminará de cumplirse. El libro del Apocalipsis echa una mirada al futuro: «Enjugará Dios toda lágrima de los ojos de ellos; y ya no habrá más muerte, ni habrá más llanto ni clamor ni dolor, porque las primeras cosas ya pasaron».

Pero ese día aún no ha llegado. Ni nosotros, a través de nuestros mejores esfuerzos, podemos alcanzar el cielo en la tierra. Jesús fue contundente en este punto cuando dijo a sus discípulos: «En el mundo padeceréis aflicción, pero confiad: yo he vencido al mundo». La palabra traducida en este pasaje como 'aflicción', o 'problemas', se usa en otro lugar para describir la acción de ¡machacar uvas o aceitunas en una prensa!

Dios, en su designio de redimir todo lo que pueda ser redimido, comenzó a usar estos mismos problemas para sus propósitos y para nuestro bien. Santiago orientó la Iglesia primitiva hacia una perspectiva redentora de las luchas cuando escribió: «Gozaos profundamente cuando os halléis en diversas pruebas, sabiendo que la prueba de vuestra fe produce paciencia».

Yo mismo no me inclino a gozar con los problemas. Me quejo, me preocupo, intento resolverlos con mi propia fuerza bruta. Pero de forma gradual estoy comenzando a ver que Dios está justo allí, en medio del problema, deseando mostrarnos el rumbo a través de las dificultades, no alrededor de ellas, y, durante el proceso, enseñarnos más acerca de sus caminos.

Los problemas nos encuentran en el trabajo

No han escaseado las pruebas en mi carrera profesional, y estoy seguro de que esto a usted también le ha podido ocurrir. Los incidentes ya mencionados —incluso la muerte súbita de mi padre, el devastador incendio de la planta y el intento de organización sindical— ampliaron mis capacidades naturales a más no poder y, de manera compasiva, me llevaron más allá, a un camino de fe más profundo. A través de los años nos hemos encontrado con graves accidentes industriales, problemas con los empleados, asuntos de responsabilidad por productos defectuosos y presiones financieras.

Cuando miramos hacia atrás podemos ver cómo cada uno de los problemas ha tenido un valor redentor. Podemos trazar la madurez de nuestra compañía y nuestra fuerza vital, no por lo ocurrido en las cumbres de las montañas, sino por las lecciones que aprendimos en los valles.

Tal fue el caso cuando los Estados árabes embargaron el petróleo en 1979, con el consiguiente aumento de precios en todos los productos derivados, incluyendo el aceite para la calefacción usado en los quemadores de nuestros clientes residenciales e industriales. En cierta medida todo el mundo se vio afectado. Se recordarán las largas colas en las gasolineras durante aquel período, cuando el combustible solo se podía comprar en días alternos.

Esa crisis provocó un impacto aterrador en nuestro negocio. ¿Quién necesita un quemador de petróleo si no hay petróleo? La mayor parte de nuestros principales clientes redujeron de forma considerable sus compras y algunos dejaron de comprar por completo. Nos volvimos especialmente vulnerables porque acabábamos de completar una gran expansión de nuestro complejo industrial. Uno de nuestros principales competidores perdió de tal manera su entusiasmo que se echó atrás en desarrollar la mayor parte de sus productos y en gastar energía para venderlos. Para ellos parecía no haber salida.

Una respuesta positiva

Realizamos un esfuerzo para comprender la perspectiva global y, después de consultar y orar, llegué a la conclusión de que deberíamos tomar un rumbo diferente. En vez de retroceder seríamos más agresivos: no solo aceleramos el desarrollo de productos nuevos, sino que enviamos parte de nuestro equipo administrativo a hablar con los clientes, animándolos a ver más allá de la problemática inmediata y a tomar ventaja para reemplazar los sistemas más viejos e ineficientes de calefacción por unidades modernas que ahorraran combustible. La idea ganó terreno. Vendimos centenares de miles de unidades de reemplazo, lo que nos permitió mantener nuestro nivel de producción y toda nuestra plantilla durante los días oscuros de la crisis. De hecho, salimos de aquel traumático momento aún más fuertes: nos convertimos en la compañía líder del sector, una posición que hemos podido sostener desde entonces.

Aunque a menudo hemos tenido dificultades para distinguir los propósitos de Dios en medio de los problemas que hemos afrontado a través de los años, una mirada retrospectiva nos ha revelado sus intenciones y su diseño predominantes. Una y otra vez hemos visto la verdad de lo que dijo el profeta Isaías: que los caminos de Dios no coinciden con nuestro camino, sino que son infinitamente más elevados.

Las dificultades representan el instrumento de Dios. Sus lecciones pueden ser aceptadas o rechazadas, pero al final deben aprenderse. Parece no haber otra forma en la economía de Dios.

15

La empresa compasiva

Nuestra respuesta a la visita de los problemas pudiera dejarnos en una de dos condiciones: o nos endurecerán, amargándonos, haciéndonos incluso vengativos, o nos harán más suaves, más misericordiosos y más comprensivos.

Creo que la intención de Dios es la segunda: llevarnos a una condición de mayor compasión. Con el tiempo, la compasión se convertirá en un atributo distintivo de una organización, no a expensas de la responsabilidad o la efectividad, sino como la marca de una empresa que se preocupa por su personal y, en sumo grado, estima su valor y su potencial intrínsecos.

Una llamada sorprendente

Como observé antes, yo estaba en el extremo favorecido de una empresa compasiva, cuando, de repente, tuve que tomar las riendas de la compañía tras la muerte de mi padre. Nuestra empresa se encontraba en una posición precaria, con unas ventas que apenas excedían de un millón de dólares, divididos de forma desigual entre un puñado de clientes. Teníamos la mayoría de los huevos puestos en una sola canasta: una compañía de San Luis (Misuri) que fabricaba calentadores para casas rodantes. Mi padre tenía una buena relación con ellos, pero yo acababa de integrarme en la compañía y casi no me conocían. Ante el fallecimiento de mi padre hubieran tenido toda justificación para encontrar otro proveedor.

La llamada de su director de ingeniería me tomó por sorpresa.

—John —me dijo Bernie—, quiero que sepas que lamento mucho el fallecimiento de tu padre. Llegamos a tener una relación muy cercana y lo consideraba casi como a mi propio padre.

Tragué saliva, sabiendo que por mucho que apreciaran a mi padre tenían que tomar una decisión difícil. Dudé de que pudiéramos sostener la pérdida de su contrato, pero aquella no era la oportunidad para decirlo.

Bernie continuó:

—Sé que debes de estar preocupado por las futuras compras de quemadores. Quiero asegurarte nuestra completa confianza en ti. Continuaremos comprando tus productos. No habrá ningún cambio por nuestra parte.

Casi no podía creer lo que oía. Conforme iba asimilando las palabras, fue como si me quitaran un peso de una tonelada de los hombros.

—Bernie —contesté—, no sé qué decir. Sé que no tienes que hacer esto. Hay otras compañías a las que les gustaría tener tu contrato. Pero te diré esto: moveremos cielo y tierra para ser un buen proveedor. No te decepcionaremos.

La respuesta de Bernie reflejaba una compasión que a menudo está ausente en el entorno comercial moderno. Su compañía estaba corriendo un riesgo, y Bernie lo sabía. Pero sabía también que nosotros éramos capaces de responsabilizarnos de sus necesidades. Un desliz mayor de nuestra parte y la compasión tal vez hubiera salido por la ventana. Al final resultó que estuvimos a la altura de la confianza depositada en nosotros y, hasta ahora, hemos sido su proveedor de quemadores exclusivo durante más de tres decenios.

Verdades paralelas

La experiencia con la compañía de Bernie representa un buen ejemplo de un principio que tiene su aplicación en el lugar de trabajo: las verdades de las Escrituras a menudo discurren por caminos paralelos.

Pareciera que dos ideas están opuestas entre sí hasta que se consideran juntas y se comprenden completamente. Las verdades paralelas en el atrevido paso dado por Bernie fueron la compasión y la responsabilidad. Las dos se complementan, ninguna está completa por sí sola. La compasión sin responsabilidad produce sentimentalismo. La responsabilidad carente de compasión resulta cruda y despiadada. La compasión asociada con la responsabilidad conforman una fuerza poderosa, y hemos hallado que puede proporcionar un gran incentivo para sobresalir.

En los negocios no basta simplemente con que la compasión y la responsabilidad estén presentes. Deben mantenerse en equilibrio. El moderno mundo del trabajo se caracteriza por el desequilibrio, con la báscula pesadamente inclinada hacia la responsabilidad y alejada de la compasión. Una forma de comenzar a equilibrarlas se encuentra en la regla de oro, que requiere que nosotros nos pongamos en el lugar de la otra persona.

El modelo de compasión bíblica se encuentra en Jesucristo, en quien vemos gran sensibilidad hacia la persona, pero también la demanda de un requisito que induce a la acción responsable. Un buen ejemplo es la historia del capítulo 8 del evangelio de Juan, acerca de una mujer llevada a Jesús que había sido sorprendida en el acto de adulterio. La ley judía para este pecado exigía lapidarla, una ejecución cruel y prolongada.

Sus acusadores vieron esto como una oportunidad para probar a Jesús. Pero, en respuesta a los cargos contra la mujer, Jesús, inclinado hacia el suelo, escribía en la tierra con el dedo. Cuando continuaron presionándole, se enderezó y les dijo:

—El que de vosotros esté sin pecado sea el primero en arrojar la piedra contra ella.

Acusados por su conciencia, fueron saliendo uno a uno. Entonces Jesús se dirigió a la mujer, preguntando si alguien la condenaba. Ella dijo:

—Ninguno, Señor.

Entonces Jesús le dijo:

—Ni yo te condeno; vete y no peques más.

En su admonición a la mujer de que no pecara más apreciamos cómo la clara compasión del Señor equilibra la responsabilidad. Así sucedía cada vez que Jesús extendía su misericordia: se esperaba que la persona asumiría la responsabilidad.

La compasión en el trabajo

En nuestro trabajo, encontramos muchas oportunidades para demostrar la compasión. He aquí algunos ejemplos:

- Cuando se pasa por alto a una persona que solicitó una promoción. Hemos descubierto que es bueno reunirse con tales personas, demostrarles nuestro aprecio por el paso que dieron, señalarles cómo pueden fortalecer sus aptitudes y animarlas a solicitar el ascenso en el futuro.
- Cuando un empleado ha sufrido una pérdida personal, una muerte o una enfermedad seria. Es el momento de mostrar compasión, cara a cara, hasta donde sea posible. Nuestros ojos y nuestros modales deben mostrar que nos importa. ¿No agradeceríamos nosotros esa misma compasión si estuviéramos en su lugar?
- Cuando un cliente sufre un revés y necesita una ampliación de crédito. Desde luego que debemos tomar en cuenta el riesgo, pero nuestra comprensión y ayuda adicional, de ser posible, pueden producir lealtad duradera y buena fe.
- Quizá lo más difícil resulten los despidos, la tarea más penosa que tiene un gerente. Encuentro que es importante separar los dos pasos críticos que esto implica. Primero, llevo a cabo cualquier proceso que sea necesario para tomar una decisión en firme. Este es el paso analítico, donde tratamos de lleno con la realidad del problema. El segundo es el despido propiamente dicho, que debo efectuar con toda la compasión que alcance a tener. Se debe realizar un esfuerzo para amortiguar la transición, como alcanzar un acuerdo de cesantía y tal vez contratar servicios de reorientación profesional. Pero resulta clave ver el proceso de forma redentora, un paso que el Señor pueda usar para lograr propósitos mayores, tanto en la vida de la persona como en la organización.

Industrias Advent

Años atrás, durante un tiempo de gran desempleo en nuestra zona, encontramos una forma inusitada de extender la compasión en el lugar de trabajo. Estábamos contratando a los mejores candidatos, pero me puse a pensar en la gran cantidad de personas que necesitaban trabajar que prácticamente se encontraban imposibilitadas para hacerlo: expedientes manchados por antecedentes delictivos, por abuso de sustancias o por haber desertado de la escuela, serían los últimos en encontrar trabajo.

Decidimos hacer algo al respecto. Hablé con Ed Seabold, una amistad de los negocios, acerca del concepto de poner en marcha una nueva compañía para contratar y capacitar a estas personas desfavorecidas. Ed, un gerente con sentido práctico y un corazón de oro, inmediatamente se ofreció a dejar su trabajo para organizar la nueva empresa. Así nació Industrias Advent, una compañía fundada con fines lucrativos para realizar trabajos de subcontratación para nuestra compañía y para otros negocios de la zona. Cuando acudimos a las escuelas, a la policía y a los tribunales en busca de personas lo suficientemente «malas» que se ajustaran al perfil de empleado, se mostraron más que cooperadores en proveernos de candidatos «dignos».

Pronto Advent dio empleo a más de cincuenta personas en un ambiente de trabajo exigente pero solidario. Para la mayoría de estos empleados se trataba de su primer trabajo legal. Tuvimos que enseñarles cómo trabajar, cómo respetar la autoridad, incluso cómo hacer efectiva la nómina.

Supimos cuánto nos faltaba el día que Ed dejó la puerta de su oficina cerrada con llave mientras se ausentaba durante algunas horas. A su regreso, abrió la puerta y notó que alguien había estado dentro y había hecho café. Interrogando a los trabajadores, se enteró de que algunos de ellos ¡se habían limitado a quitar las placas del cielo raso, habían bajado por él, habían hecho café y habían regresado al trabajo! Fue la última vez que Ed dejó cerrada la oficina.

La combinación de compasión y responsabilidad nos ha aportado una gran recompensa durante los veinte años que Advent ha estado operando. Más de mil personas han pasado por el programa, que dura de seis meses hasta dos años. Muchos no aguantaron el ambiente disciplinado del trabajo, pero muchos otros han alcanzado el éxito en otras compañías de la zona. Como resultado de su experiencia en Advent, no solo han adquirido las habilidades necesarias, sino también un sentido de autoestima y un propósito.

Todas las empresas tienen la oportunidad de ser «compasivas». Las verdades bíblicas, diseñadas a la medida para cada situación, lo hacen posible. El poderoso ejemplo modelado por Bernie años atrás ha fijado de manera permanente la verdad de que la compasión —y no solo la responsabilidad— debe estar presente en el lugar de trabajo.

16
Servicio extraordinario

¿Ha tenido usted alguna vez la experiencia de recibir un servicio extraordinario de un establecimiento comercial? De ser así, es casi seguro que se haya vuelto un asiduo cliente suyo. Y usted habrá encontrado un negocio que tenga casi garantizado el éxito.

Un acontecimiento donde estuvo involucrado Jim, nuestro gerente general de ventas, describe dicho servicio. El hecho de que yo no lo supiera hasta meses más tarde lo hace todavía más especial; y, aún entonces, el asunto surgió por casualidad, respecto de algo con lo que no tenía relación. Jim se había enterado de que uno de nuestros clientes más pequeños nos había girado insuficientes pedidos y, además, le faltaba un componente en particular. Aunque era la temporada navideña, ese cliente había decidido mantener la fábrica en funcionamiento, pero sin nuestras piezas de repuesto tendría que suspender la producción. Sin decirle a nadie más que a su esposa, y sin que se supiera dentro de nuestra compañía, Jim realizó un viaje de ida y vuelta de más de trescientos kilómetros con su automóvil durante una tormenta de nieve y regresó con los componentes en el vehículo para que el cliente pudiera seguir trabajando. Ni qué decir tiene que la iniciativa desinteresada de Jim reforzó una ya estrecha relación con el cliente.

La idea de servir está firmemente arraigada en las Escrituras, y en particular en el cristianismo del Nuevo Testamento. Las culturas más influidas por el evangelio en general presentan una vigorosa ética de servicio subyacente. Por el contrario, en muchas culturas la idea de servir a un cliente ni siquiera existe. El término más cercano para 'cliente' en ruso es ¡'usuario de producción'!

El siervo modelo

Jesús es nuestro incomparable ejemplo del verdadero siervo. En sus propias palabras hace constar que Él vino para servir, no para ser servido. El apóstol Pablo se refiere a este aspecto del carácter del Señor y nos alienta a tener un criterio similar. Una paráfrasis de la epístola de Pablo a los filipenses de La Biblia al Día es especialmente descriptiva:

> Jesucristo nos dio en cuanto a esto un gran ejemplo, porque aunque era Dios, no demandó ni se aferró a los derechos que como Dios tenía, sino que, despojándose de su gran poder y gloria, tomó forma de esclavo al nacer como hombre. Y en su humillación llegó al extremo de morir como mueren los criminales: en la cruz.

Aquí apreciamos la verdadera naturaleza de ser un siervo. El Señor llegó a la tierra en completa humildad, si bien Él es el creador y el sustentador de toda la creación. Su naturaleza de siervo se hizo evidente en su nacimiento, que tuvo lugar en un rústico pesebre para animales. Vivió con modestia, sin retener nada en su posesión, pero dando a los demás de manera generosa y continua.

Jesús se puso a disposición de los demás, de tal manera que hasta debía quedarse despierto toda la noche para tener tiempo de orar. Resistió todos los intentos de las multitudes que querían proclamarlo rey. Al final, lo acusaron falsamente, lo convirtieron en un espectáculo público, fue sentenciado injustamente bajo la intensa presión de una multitud revoltosa y murió en una cruz, una forma cruda y vergonzosa de ejecución.

Jesús fue un modelo en todo lo que hizo. Su impecable ejemplo lo aceptaron y vivieron sus primeros seguidores, quienes comprendieron la alegría en el sacrificio y la recompensa en servir. Su vida no resultó cómoda o conveniente, pero trastornaron el mundo entero mediante el servicio que ofrecieron a los demás. Y esto no se detuvo allí. A lo largo de la historia la vida de Cristo ha reproducido en sus seguidores el fruto de un sacrificio extraordinario, un amplio servicio voluntario y un beneficio inmensurable para los demás, a una escala tal que ninguna otra religión o filosofía puede demostrar.

La organización que sirve

¿Cuán realista resulta querer aplicar el concepto de servicio, basado en la Biblia, en el medio comercial riguroso, a menudo grosero, siempre exigente de hoy? Un punto de partida en nuestra compañía ha sido poner en claro las expectativas expresadas en el mapa corporativo: una declaración impresa con nuestros valores y creencias fundamentales de la que echamos mano para dirigir nuestra plantilla:

> Nos comprometemos a atender con esmero a nuestros clientes e ir más allá de prestarles un servicio para satisfacer sus más altas expectativas. Prometemos responder, dar seguimiento a nuestras promesas y evitar cualquier clase de arrogancia o de indiferencia. Queremos ser predecibles, responsables y confiables, y estamos dispuestos a hacer más de lo necesario por aquello en lo que creemos.

No tenemos que ir muy lejos para encontrar formas de dar seguimiento a las solicitudes de los clientes. El tono para contestar los teléfonos, cómo manejamos al cliente irritado, cuán diligentes somos en remediar problemas... todo se encuentra entrelazado para definir nuestra disposición de servir o la falta de servicio. Jan Carlson, ex director ejecutivo de SAS Airlines, describe estos encuentros como «momentos de la verdad»; ocasiones, si así lo preferimos, para ofrecer un servicio extraordinario.

Las siguientes son algunas de las formas específicas con las que hemos intentado dotar de un mayor nivel de servicio a los demás:

- Esperamos que todos nuestros clientes, internos y externos, sean bien atendidos. Un «cliente interno» es cualquier miembro de la compañía que reciba servicios de otro, como un gerente que reciba una carta mecanografiada por una secretaria, o un empleado que reciba una evaluación de rendimiento del jefe, o una persona de la línea de ensamblaje final que reciba una pieza del departamento de soldadura o pintura. Cada una de las transacciones que ocurren todo el tiempo entre personas de la empresa propicia una gran oportunidad para servirse unos a otros.
- Descubrimos que debemos tener a los clientes externos a la vista a lo largo de la organización. En algunas ocasiones los empleados de producción visitan las instalaciones de los clientes. Allí pueden conocer a sus homólogos de planta y preguntarles directamente acerca de las maneras de mejorar lo que hacemos para ellos.
- La calidad rigurosa va de la mano del servicio. Hemos instaurado complejos sistemas de calidad para asegurarnos de estar entregando algo substancialmente bueno, sin exagerar la publicidad.
- Los compañeros de trabajo nombran y seleccionan un empleado del mes, basados en parte en su cooperación desinteresada. El reconocimiento se produce con una fotografía, tomada por un profesional, que se destaca junto con un artículo biográfico en nuestro boletín mensual y la mención de honor en las reuniones periódicas de la empresa.
- Se capacita a nuestros supervisores de un modo específico para «servir» a los empleados a su cargo: facilitar, no exigir; formar, no dar órdenes; enseñar, no criticar. Mantenemos una estructura organizativa muy horizontal, con un total de cuatro niveles, para promover las transacciones laterales y evitar la jerarquía.
- Intentamos escuchar más: este es el aspecto más importante de la comunicación. De forma regular llevamos a cabo un sondeo entre nuestros clientes. Los empleados se reúnen en mesas redondas con la gerencia para discutir asuntos principales, a fin de impedirnos quedar meramente conformes con el estado de las cosas.

El servicio: una fuerza poderosa

Predisponer una empresa para el servicio cuesta trabajo. La mayoría de nosotros prefiere que nos sirvan; servir a otros, muchas veces, va en contra de nuestras tendencias naturales. Pero para las empresas y los individuos que realizan el esfuerzo los resultados pueden ser impresionantes.

Observé algo así en una reunión de negocios que se realizó en el Hotel Ritz-Carlton, en Palm Springs (California). Al notar la excepcional cortesía y la buena disposición para ayudar por parte del personal, inquirí al gerente:

—¿Cómo logra usted esto con el personal?

Se sacó del bolsillo los principios con los cuales se administran los hoteles Ritz y explicó la rigurosa formación a que los someten. Entonces formuló una fascinante declaración:

—Sr. Beckett —¡de alguna manera había logrado aprender mi nombre!—: cuando vinimos a este valle hace unos años casi no existía una noción de servicio al cliente. Ahora parece estar en todas partes, desde el establecimiento de comida rápida hasta el taller mecánico. Las personas preguntan qué pueden hacer para ayudar y mantienen la calidad del servicio. Creo que sembramos algunas semillas que están naciendo por todas partes. Es muy gratificante.

¡Adivine dónde me gustaría hospedarme cuando regrese a Palm Springs!

El concepto de servir representa una fuerza poderosa, sobre todo cuando las motivaciones son sinceras y están de acuerdo con la raíz bíblica. Las verdades ejemplificadas por Jesús revisten importancia hoy en nuestra vida individual y en el lugar de trabajo. Se emulan cuando el liderazgo se atavía con el manto de siervo. Se alimentan por aquellos que anteponen a los demás; por los que, con afecto y sinceridad, suministran y siguen suministrando un servicio extraordinario.

17
Cómo devolver algo de lo recibido

En este momento, mi carrera en los negocios se aproxima a los cuarenta años. Durante ese tiempo, por la gracia de Dios y con el enorme apoyo de mis colegas de profesión, la familia y los amigos, hemos podido construir una de las principales empresas de tamaño medio de los Estados Unidos. Si comparo dónde estamos ahora con la situación en la que nos encontrábamos cuando entré en la compañía, nuestros ingresos casi se han centuplicado (por supuesto, una buena parte se debe a la inflación). Hemos logrado una reputación de integridad y excelencia, y hemos sido recompensados con una alta participación en el mercado y con clientes muy fieles. Estamos agradecidos porque nuestra rentabilidad ha sido constante y hemos operado con una deuda mínima.

Esto nos ha brindado la oportunidad de devolver algo de lo recibido. Este capítulo tratará acerca de nuestro método para hacerlo y ofrecerá una explicación, en parte, del pensamiento en el que se fundamenta lo que hacemos. (Confieso tener cierta renuencia a hablar de nuestras donaciones, ya que hemos elegido mantener esta práctica de manera discreta y privada).

Ayudar a los demás

Los recursos generados por la empresa han sido regularmente «reciclados» en el crecimiento y desarrollo continuo de la compañía. También hemos compartido las ganancias con nuestros empleados de forma sistemática a través de bonos y de un plan formal de participación en los beneficios. Pero nos sentimos especialmente privilegiados por haber podido ayudar a los demás, apoyando un amplio abanico de muy dignas organizaciones que están marcando una diferencia real en la vida de las personas en los Estados Unidos y en el extranjero. Ciertamente, vemos esto como un aspecto importante de nuestro propósito corporativo.

En nuestra localidad hemos logrado ayudar a personas en condiciones económicas desventajosas para que puedan tener un buen comienzo en la carrera o el trabajo (las Industrias Advent, mencionadas ya); nos hemos ocupado de problemas sistémicos de nuestra comunidad, de la educación y el desarrollo de liderazgo, y hemos promovido la preservación y el embellecimiento de los recursos naturales de nuestra zona, tanto con participación personal como con sostén económico. En algunos países de ultramar, como la India, hemos financiado la perforación de pozos de agua; hemos inaugurado microempresas en África y en América Central y hemos atendido la devastación causada por inundaciones y hambrunas. Nos vemos como una fuente de abastecimiento para los que están en el frente de la lucha.

También enfocamos la atención en actividades con las que tenemos una clara afinidad y que sentimos puedan alcanzar un impacto máximo. Por ejemplo, hace 25 años ayudé a fundar Intercesores por América, donde actualmente sirvo como su presidente. Esta organización promueve la oración por los Estados Unidos y por sus líderes, en la creencia de que nuestra nación debe gozar de buen estado espiritual si ha de prosperar de otras formas. Intercesores mantiene una comunicación regular con más de 50 000 personas y 5 000 iglesias. Hoy Intercesores está implantada en casi cuarenta naciones de todo el mundo.

Así que, como corporación, con el permiso pleno de nuestra junta y de los accionistas, hemos elegido extender la mano a los demás destinando una porción de nuestros recursos financieros, pero también animando a los empleados a involucrarse en la comunidad. Algunos lo llamarían «ciudadanía corporativa». Entiendo que no todos los negocios puedan hacerlo o no consideren este enfoque como apropiado. Ciertamente, resulta más difícil para las compañías que cotizan en bolsa, aunque muchas, no obstante ser generosas en su ayuda a otras personas, su economía continúa prosperando. Cada empresa debe decidir por sí misma cuál es el plan apropiado.

Decisiones claves de mayordomía

Creo que podemos rastrear nuestro éxito y la consecuente capacidad para ayudar a los demás en ciertas decisiones claves de mayordomía que se tomaron a lo largo de los años.

Como usted recordará del inicio del libro, tuve que decantarme entre permanecer en los negocios o desarrollar actividades que consideraba más directamente relacionadas con el ministerio religioso. Llegué a la conclusión de que tenía una vocación legítima por el mundo empresarial. Pero sentí que no podría tratarse simplemente de cualquier empresa. Tendría que reflejar lo máximo y lo mejor de este mundo. También se hizo patente para mí que en realidad no sería mío el negocio, sino de Dios. En lugar de ser su dueño, estaba situado como un administrador para custodiarlo por el tiempo que Dios quisiera. Como socio accionista principal, mi nombre aparece en las acciones, pero existe un tácito acuerdo paralelo donde el negocio le pertenece a Dios; de hecho, ¡no puede pertenecer a ambos!

En nuestro mapa corporativo, hemos reflejado nuestra filosofía de mayordomía de la siguiente manera:

> No somos un fin en nosotros mismos, sino una parte de los más amplios propósitos de Dios. Como tales, estamos llamados a trabajar como si lo hiciéramos para Él y a ser administradores sabios y capaces de la confianza que ha depositado en nosotros. Nos damos cuenta de que en la economía de Dios somos prescindibles en cualquier momento, pero también de que es posible conducirnos de tal forma que le agrade y encontrar así su favor permanente.

En otras palabras, nuestro trabajo es del Señor y, por ende, todos nuestros recursos le pertenecen.

La segunda decisión clave de la mayordomía es más personal. Llegó poco después de que comenzara a tomar en serio mi fe, cuando Wendy y yo decidimos seguir la idea bíblica de ofrecer el diezmo. El diezmo es apartar por lo menos el 10 % de los ingresos, antes de pagar los impuestos, para el sostenimiento de individuos y organizaciones que llevan a cabo la obra de Dios. Pronto empezamos esta práctica en nuestra familia, y al poco tiempo pudimos ir más allá de la décima parte en nuestra donación. Esta sola decisión ha supuesto uno de los máximos privilegios para la familia y, al mismo tiempo, la fuente de bendición de Dios en nuestra mayordomía.

Pero es importante mantener una perspectiva clara en el dar y el recibir. Es un error pensar que podemos manipular a Dios por medio de nuestras donaciones caritativas, en un intento de «forzar su mano» para recibir sus bendiciones. No obstante, Dios ha establecido una relación entre la siembra y la cosecha. La Biblia dice que «cosechamos lo que sembramos». Puedo dar fe de que en los años posteriores a aquellos compromisos, el Señor ha continuado multiplicando los recursos que nos ha otorgado para administrar.

Un tema principal

El concepto de mayordomía es un tema principal en las Escrituras, con muchas aplicaciones en los negocios y en las ocupaciones. Observe en los siguientes ejemplos lo que Dios esperaba de los hombres y las mujeres.

Adán y Eva, la primera pareja, fueron colocados en un jardín y se les dio toda responsabilidad de cuidarlo.

José fue liberado de la esclavitud y del encarcelamiento para administrar el suministro del grano en Egipto en medio de una sequía asoladora que duró siete años, y salvó incontables vidas en una inmensa región.

El pueblo de Israel recibió la responsabilidad de administrar la revelación que Dios había hecho de sí mismo, incluyendo su ley y sus promesas. Prosperaron mientras fueron fieles velando por este encargo. Se les quitaron las bendiciones y sufrieron grandes adversidades cuando dejaron de hacerlo.

Jesús enseñó ampliamente lo relacionado con la mayordomía, usando parábolas extraídas del contexto comercial de su tiempo. En una de ellas, recogida por Lucas, un noble confió un capital significativo a sus siervos mientras iba a un país lejano y les dijo: «Negociad hasta que regrese». Esperaba que produjeran algún beneficio sobre las sumas que habían recibido. Cuando regresó, recompensó a quienes los obtuvieron, les quitó lo que tenían a los que no produjeron nada y se lo dio a los que fueron productivos. Los que no produjeron nada tenían una idea equivocada de la mayordomía.

En el Nuevo Testamento la palabra traducida como 'mayordomía', es *oikonomia* en el idioma original, de donde también tomamos la palabra 'economía'. *Oikos* quiere decir 'casa', y *nomia* tiene el significado de 'poner en orden'. Describe el concepto de administración. Lo que administramos no es nuestro: solo nos es confiado.

Finalmente, existe una dimensión eterna de la mayordomía, pues está claro en varios pasajes de la Escritura que un día daremos cuenta de lo que hemos recibido. En la parábola de Jesús acerca del mayordomo infiel, la enseñanza de la lección es la necesidad de fidelidad: «El que es fiel en lo muy poco, también en lo mucho es fiel». Es interesante en este caso, que «lo muy poco» se refiere a dinero. ¡Hay muchas cosas más, aparte del dinero, en las que Dios espera que seamos fieles!

¿Qué es eso que tienes en tu mano?

Cada uno de nosotros ha recibido cierto grado de responsabilidad para administrar. A menudo resulta tan obvio que no podemos verlo. Así ocurrió con Moisés. Dios lo llamó para llevar un mensaje al faraón: que dejara marchar de Egipto a los israelitas cautivos. Moisés protestó: tan intimidante era la perspectiva de enfrentarse al endurecido y orgulloso soberano de Egipto.

Entonces Dios le preguntó a Moisés:

—¿Qué es eso que tienes en tu mano?

A los ojos de Moisés, el cayado que tenía en su mano era meramente una vara de madera, que luego usaría para apoyarse durante cuatro decenios en el rocoso desierto de la península del Sinaí. A los ojos de Dios, era algo totalmente diferente.

—Échala al suelo —le dijo Dios.

Moisés observó, con absoluto asombro, cómo la vara que había arrojado al suelo se transformaba en una serpiente. Dios le mostraba a Moisés que lo que tenía en su mano era un instrumento que representaba el poder y la autoridad de Dios.

Tenemos derecho de preguntar, respecto de lo que hemos recibido para administrar, «¿Qué es lo que tengo en la mano?». Para responder a esta pregunta debemos ver más allá del dinero, por importante que este sea. Los recursos que Dios nos ha dado para administrar se extienden a muchos campos. Por ejemplo, las empresas se valen de las personas para operar. ¿Maximizamos su potencial estimulándolas y desafiándolas? ¿Les ayudamos a identificar en ellas su don y su llamado y les damos la oportunidad de crecer?

Los negocios tienen también influencia. ¿Usamos las plataformas que tenemos para mejorar nuestras comunidades, para denunciar asuntos importantes e influir en las políticas públicas?

En efecto, las empresas cuentan con recursos financieros. ¿Los aplicamos con sabiduría a fin de aumentar su valor para los accionistas, empleados y clientes? ¿Usamos algunos de estos recursos para ayudar a aquellos que están más allá de nuestros límites corporativos, personas menos afortunadas o con grandes necesidades? ¿Tenemos conciencia de adónde quiere Dios que se dirijan estos recursos a fin de promover sus propósitos eternos?

Larry Burkett, un asesor financiero muy solicitado, cuenta la historia de la visita de una persona que llegaba por primera vez a los Estados Unidos. Su país estaba menos desarrollado; allí, él y sus amigos tenían que confiar en Dios para la provisión de hasta las cosas más pequeñas. Pero después de pasar un tiempo aquí, formuló este comentario: «¡Me resulta asombroso cuánto puede lograrse en esta nación sin Dios!».

Si lo que dijo este visitante es cierto, hemos sido seriamente reducidos a la pobreza y no nos damos cuenta, pues quiere decir que hemos ignorado el principio básico de toda la mayordomía. La realidad está arraigada en la perspectiva bíblica de que todo lo que tenemos, todo lo que logramos de valor real, viene de Dios. Nos ha adjudicado su provisión para invertirla como Él nos señala. Somos sus administradores.

18
Un ejercicio de equilibrio

Mantener el equilibrio entre el trabajo y la familia es una de las tareas más desafiantes para una persona de negocios. Quedé convencido de esta realidad durante un intercambio de impresiones contradictorias con doce líderes de importantes compañías de los Estados Unidos, con quienes me reuní recientemente para elaborar una red de soporte y fortalecimiento mutuo.

Pasamos algún tiempo resaltando los problemas más apremiantes que afrontamos como cristianos en los negocios. Se consideraron las prácticas publicitarias, los despidos, la libertad para compartir la fe y el tener que trabajar para un jefe inescrupuloso. Pero, de común acuerdo, el tema crítico fue el reto de criar a nuestros hijos y relacionarse con ellos.

Según el criterio de estos atareados directivos de empresas, las dificultades relacionadas con el hogar estaban antes que los problemas de trabajo. Resultó aleccionador escuchar historia tras historia sobre serios trastornos familiares. Eran personas que amaban a sus hijos y harían cualquier cosa por ellos. No obstante, existía tanto alejamiento, tanta tensión evidente, que solo atinábamos a preguntarnos qué podría hacerse, cómo podrían resolverse estos problemas o evitarse en primer lugar.

Reconocimos, francamente, que nuestro éxito empresarial nunca podría compensar la desintegración de nuestra familia, pero también sabíamos que no existían respuestas fáciles.

Retos comunes

Los conflictos que identificamos se reproducen a todo lo largo de la vida corporativa de los Estados Unidos, desde las suites ejecutivas hasta las plantas de producción y en todo lo que hay en medio. Llegan a la mente las palabras del profeta Malaquías, el pasaje que cierra el Antiguo Testamento. Habló de un día cuando Dios haría volver el corazón de los padres hacia los hijos y el corazón de los hijos hacia los padres. Todo padre y toda madre que lea este libro anhelan ese día.

Como padres de seis hijos, Wendy y yo hemos afrontado grandes retos en su crianza. Hay una larga lista de cosas que nos gustaría hacer de nuevo. Sentimos simpatía hacia la pareja que tenía seis teorías para criar hijos, pero no tenía ninguno. ¡Después tuvieron seis hijos y ninguna teoría!

No obstante, podemos decir que Dios se ha mostrado muy fiel con nosotros. Hemos sido bendecidos con relaciones familiares muy sanas y, a medida que nuestros hijos han ido creciendo, la amistad entre ellos ha ido fortaleciéndose de verdad. (¡Honestamente, muchas veces nos preguntamos si alguna vez esto ocurriría!). Estamos agradecidos de que hayan mantenido unas normas morales loables, de que hayan tomado en serio su fe, y hayan establecido una buena dirección en la vida personal y profesional. De hecho, sentí tanto aprecio por ellos después de la reunión con los hombres de negocios que acabo de mencionar que les escribí una carta a cada uno diciéndoles cuánto han significado, para Wendy y para mí, su amor y su carácter ejemplar.

Enfoque a la familia

Pero no es fácil hacer de nuestra familia una prioridad principal. ¿Qué hacemos nosotros, ocupados hombres de negocios, para lograr el equilibrio en nosotros mismos y en nuestros empleados? Comparto con ustedes algunas ideas con el sobrio recuerdo de que estas lecciones nos llegan tanto de los fracasos como de los éxitos. (¿Recuerda las seis teorías?).

Reconozca a la familia como algo fundamental. Dios aprueba tres instituciones en las Escrituras: la familia, la iglesia y el gobierno. La iglesia está constituida por familias, y será tan sólida y efectiva como las familias que la integran. Los gobiernos se instituyeron con el fin de garantizar la libertad y la seguridad a la familia y a la iglesia.

De las tres, la familia es primaria y fundamental. La creó Dios, y es Él quien nos hace habitar en familia. Existe como una unidad asegurada por el amor y representa el campo de formación básica para la vida. La promesa hecha a Abraham, el padre de nuestra fe, fue que en él todas las familias de la tierra serían bendecidas, y los resultados de aquella promesa se extienden hasta nosotros. ¡Dios quiere otorgar a las familias su bendición!

Afirme la prioridad de la familia sobre el trabajo. Nuestras prioridades deberían estar ordenadas así: primero, nuestra relación con Dios; luego, el compromiso con la familia; y, solo entonces, el compromiso con nuestro trabajo y nuestra vocación. Ubicar la fe en primer lugar nos permitirá funcionar de una forma divina hacia la familia y el trabajo. Pero para muchas personas esta estructura prioritaria está invertida, y el trabajo prevalece sobre la fe y la familia. La mayoría no queremos que esto ocurra, pero la tiranía del trabajo nos abruma. Descuidamos el frente doméstico y un día despertamos a la sombría realidad de que nuestra familia se encuentra a la deriva y sin timón, en mares azotados por la tempestad.

Las elecciones que debemos efectuar entre el trabajo y la familia pueden resultar excepcionalmente difíciles. Las exigencias del mundo laboral parecen intensificarse a medida que las compañías reducen el tamaño y aumentan las expectativas sobre los que quedan. La búsqueda irrestricta de ganancias puede nublar otras prioridades. Cada vez más, son las mujeres las que se ganan el pan de cada día o tienen que trabajar para suplementar los ingresos del marido y así disponer de lo suficiente para comer. Si una familia se encuentra bajo presión, conseguir el tiempo necesario para el cónyuge y los hijos pudiera requerir que uno o ambos padres reduzca de manera progresiva las horas de trabajo o incluso que cambie de empleo. El trabajo que nos consume por completo, día tras día, difícilmente puede ser el trabajo correcto.

Maximice el valor del tiempo invertido en la familia. Las siguientes son algunas formas específicas que hemos encontrado para que nuestra familia pueda aumentar la calidad de sus relaciones:

- Exprese amor abiertamente, y responda con afecto.
- Mantenga una atmósfera disciplinada, pero en equilibrio con la buena diversión.
- Busque la armonía entre el marido y la esposa: eso fomenta la seguridad de los hijos.
- Trabaje en la comunicación. Muéstrese disponible cuando un miembro de la familia necesite hablar.
- Saque tiempo para estar regularmente con cada uno de los hijos, sobre todo en las familias más grandes.
- Intente sentarse juntos a la mesa durante las comidas. Promueva conversaciones saludables a la hora de comer.
- Tome vacaciones a la vez. Centre las actividades en los niños mientras sea posible.
- Sea moderado en las actividades personales que consumen tiempo durante los años de crianza de los hijos. (Yo hice a un lado los palos de golf durante dos decenios: ¡mi hándicap lo muestra!).
- Asista a las obras teatrales y conciertos escolares de los niños; visite a sus maestros. Anime a sus hijos en los acontecimientos atléticos. Es imposible exagerar el efecto emocional que se produce en un niño cuando los padres están en el banquillo durante el partido de fútbol o cuando están demasiado ocupados para asistir.
- Limite la televisión. Lo que vean, véanlo juntos. Busque alternativas sanas y divertidas. Cuando la televisión no ofrezca nada digno de verse en el tiempo familiar escoja un vídeo que valga la pena.
- Ore regularmente, por la familia y con la familia.

Estoy absolutamente convencido de que el común denominador y el elemento más esencial es la calidad del tiempo que pasan juntos. Como experimento, pregunte a sus hijos qué es lo que quieren. Supongo que dirán: «estar más tiempo con mamá y papá».

Enfoques de los negocios orientados a la familia

Los líderes de la esfera de los negocios tienen la oportunidad de fomentar y promover políticas y costumbres que ayuden a producir familias saludables. A menudo se trata de pequeñas cosas, que no cuestan mucho, y siempre son bien recibidas. Las siguientes son algunas ideas:

Política de viaje. Limite las noches que tenga que pasar fuera de casa el personal que deba viajar. No insista, como algunos lo hacen, en viajar los sábados para aprovechar tarifas aéreas reducidas.

Maternidad. Procure que las madres se queden en casa con los bebés, cuanto más tiempo, mejor. Busque formas creativas para hacer esto posible.

Puertas abiertas y visitas a la empresa. Invite a los hijos a visitar la empresa en un día especial y permita que los padres les muestren dónde y con quién trabajan. La mayoría de los hijos pequeños no tienen idea del trabajo que realizan sus padres; solo ven cómo mamá o papá desaparecen y vuelven a aparecer todos los días de esa cosa desagradable llamada trabajo.

Enviar a casa los boletines de la compañía. El contenido con fondo familiar que incluya historias de interés humano creará puentes entre la familia y el lugar de trabajo.

Contratación de familiares y parientes. Sí, existen riesgos, pero también recompensas. La mayor parte de nuestra experiencia en la contratación de familiares ha sido positiva. Mantenga algunas medidas preventivas, como evitar que un miembro de la familia rinda cuentas a otro.

Encontrar el equilibrio correcto entre el trabajo y la familia es clave, aunque reconozco que no resulta fácil. Nuestra naturaleza consiste en presionar en una dirección hasta que choquemos violentamente contra una pared. La sabiduría reside en ver venir la pared y efectuar ajustes, equilibrando nuestra vida antes de que sea muy tarde.

Elegir la opción

Voy a hablarles de Ed para cerrar este capítulo acerca del equilibrio entre la familia y el trabajo. Ed trabajaba en mantenimiento para un prominente fabricante de automóviles, donde él por lo común invertía setenta horas semanales o más. ¡Imagínese sus ingresos! Conocí a Ed en una actividad de la iglesia, y días más tarde me llamó por teléfono:

—John —me dijo—, necesito ayuda. Estoy en un trabajo que me está comiendo vivo. Gano mucho dinero, pero casi no tengo tiempo para disfrutarlo. El problema principal es, simplemente, que no tengo tiempo para mi esposa y mis dos hijos, y estoy comenzando a ver los efectos.

Generalmente, me muestro renuente a contratar a una persona cuando implica pagarle menos de lo que ganaba en su trabajo anterior. Casi siempre en esos casos se trata solo de un asunto de tiempo antes de que se vuelvan descontentos. Pero con Ed estaba escuchando un clamor. Veía a alguien que estaba tratando de poner sus prioridades en línea con las de Dios. El sabía cuál era el costo.

Lo contratamos, y ha llegado a ser un maravilloso colaborador para la compañía, así como un amigo íntimo. Una vez me dijo que no había fuerza humana que lo pudiera arrastrar de regreso a su trabajo anterior, a pesar de los mayores ingresos que le ofrecía.

Por primera vez en su vida, Ed se sentía completo. Su vida estaba en equilibrio.

19

Un consejero corporativo

Este libro trata de los valores, los principios, los hábitos que traen éxito a los negocios. Pero no trata solo de valores genéricos, no gira alrededor de una lista, sino de una Persona que quiere más espacio en nuestra vida. Dios quiere representar un mayor papel, no solo en los individuos o en la Iglesia, sino también en las familias, en las escuelas, en el gobierno, en el comercio y en la industria. Él tiene un propósito para nosotros y para nuestro trabajo y un papel dinámico que desarrollar.

Para que Dios disponga de mayor acceso a esos ámbitos debemos abrir las puertas espirituales, puertas que inviten y promuevan su presencia; y abrimos esas puertas mediante la fe y la oración personal. Veo indicadores, alrededor del mundo, de que hay personas del mundo empresarial que se están dando cuenta de esta importante verdad: «Cuando trabajamos, trabajamos nosotros; cuando oramos, trabaja Dios».

La primera experiencia en cuanto al papel de la oración en el trabajo me ocurrió temprano en la carrera, en la Corporación Beckett. Mi padre hacía casi de todo en nuestro pequeño negocio, y después de su fallecimiento me di cuenta rápidamente de que yo no podría cumplir todas sus funciones. Contábamos con buenos productos pero, para fortalecer la compañía y crecer, debíamos aumentar las ventas e incrementar nuestra cartera de clientes. Necesitaba contratar a una persona capaz y lo ideal sería alguien hábil en mercadotecnia.

Hice lo que sabía hacer. Salí a buscar a excompañeros de la universidad y contacté con personas de nuestro sector. Todos se mostraron corteses, pero todos respondieron firmemente que no estaban disponibles. No los culpo. Representábamos una perspectiva arriesgada.

Apenas empezaba a entender la oración, pero la urgencia de nuestra necesidad me obligó a acercarme seriamente a Dios. Mi súplica era simple pero sincera. Le pedí que, por favor, nos enviara a alguien que nos ayudara. La respuesta llegó notablemente pronto y de cierto modo que yo no esperaba.

Una respuesta clave para una oración

La Standard Oil Company de Ohio (SOHIO) se había convertido recientemente en cliente nuestro, y Bob Cook, uno de sus ejecutivos de mercadotecnia, recibió instrucciones de evaluar una compañía en Georgia a la que SOHIO quería comprar calentadores de aire. Bob me pidió que viajara con él para ayudarlo en la evaluación. Cuando volábamos de regreso a casa después de una visita exitosa, Bob, con tacto pero directamente, me planteó el tema.

—John —recuerdo que dijo Bob—, ¿estarías abierto a conversar acerca de irme a trabajar contigo? Me gusta lo que hago en SOHIO, pero acabo de terminar mi Maestría en Administración de Empresas y creo estar listo para un nuevo reto. Pienso que podría aportar algunas habilidades que ayudarían a tu empresa a ir hacia adelante.

Le respondí que me gustaría que conversáramos, y durante las siguientes semanas nos dedicamos a resolver los detalles. Al poco tiempo Bob y yo estábamos trabajando juntos; Bob, enfocado en la atención a nuestras necesidades de mercadotecnia.

No me llevó mucho tiempo confirmar que Bob era la respuesta a mis oraciones. En los años siguientes, sus habilidades y su personalidad complementaban perfectamente las mías, y se había comprometido de manera singular a que tuviéramos éxito. Hasta ahora hemos trabajado manteniendo una relación extraordinaria durante más de tres decenios.

Esta temprana experiencia en la oración me enseñó una lección importante. Había agotado mis propias ideas y mis propios y mejores esfuerzos en relación con la forma de solucionar el problema, y solo entonces había recurrido a Dios en oración. Si bien estaba claro que Dios había acudido en mi rescate como respuesta a esa oración, me di cuenta, después de apreciar su provisión, que pude haber buscado su ayuda desde el principio.

Pero ¿por qué orar si Dios ya sabía lo que necesitaba nuestra compañía? Comencé a comprender que Él lo había diseñado así, a fin de que el diálogo sea importante. Y eso es en realidad lo que significa la oración: hablar con Dios. Él quiere corazones tiernos y abiertos a su instrucción, ansiosos de saber lo que Él quiere, no presuntuosos o duros. La oración suaviza el corazón, afina nuestro sentido del oído y afirma nuestra dependencia de Dios.

Un factor significativo

La oración no se encuentra mencionada con frecuencia en los libros relacionados con la forma de manejar un negocio. Pero ha resultado un factor significativo en el nuestro, no solo en la crisis, sino como un proceso continuo. Durante más de veinticinco años me he reunido las mañanas de todos los jueves con un grupito de hombres, que incluye a Bob, para leer la Escritura, orar juntos y desayunar. El tiempo de oración a menudo enfoca la atención en nuestro trabajo, donde se toman en cuenta las necesidades de los empleados, las peticiones de sabiduría en las decisiones de contratación, la comprensión de los problemas que estamos afrontando y la necesidad de claridad en asuntos comerciales importantes, así como necesidades familiares y otros asuntos que surgen de manera espontánea como temas de oración.

Resulta especialmente gratificante percibir respuestas a la oración. Recuerdo que, después del embargo petrolero de 1979, este grupo buscó la dirección de Dios en lo que debía ser la respuesta de nuestra compañía. En contra de la contundente evidencia de que estábamos frente a tiempos difíciles, sentimos que Él nos mostraba que debíamos vivir el día a día, conservar nuestro enfoque en Él y esperar su provisión. Con esta profunda percepción, evitamos reaccionar de una forma desmedida y mantuvimos un curso muy constante hasta que la tormenta amainó. La estrategia resultó muy efectiva y, de hecho, nuestra compañía resurgió más fuerte después de este gran reto.

La oración y el trabajo

He aquí otras formas en que la oración y nuestra vida corporativa se cruzan:

- No infrecuentemente, un empleado da a conocer una dificultad personal, por ejemplo de salud o algún asunto familiar. Ni una vez me han rechazado cuando he preguntado: «¿Le importaría si oro por usted y su situación?».
- Nos gusta empezar con una oración los eventos de la compañía, como cenas y reuniones especiales. Nuestros empleados aprecian el tono que establece este enfoque y se alegran de participar.
- Hace varios años sufrimos una racha inexplicable de incendios en la fábrica. Extendí una invitación abierta a los empleados a fin de congregarnos para orar después del trabajo. Aproximadamente una cuarta parte de la plantilla tomó parte en la petición a Dios de su provisión y protección. ¡Sorprendentemente, allí pararon los incidentes de incendios! Como me recordó un amigo en aquel momento: «Cuando oramos, ocurren coincidencias; cuando no oramos, las coincidencias dejan de ocurrir».
- En ocasiones, una simple oración antes de una comida de negocios es apropiada. Estas oraciones pueden cambiar la dirección de la conversación, como ocurrió con un prominente hombre de negocios que, de manera inesperada, se sinceró después de una oración de gracias por la comida y nos reveló un problema familiar y su necesidad de ayuda.
- Hay grupos de empleados que se reúnen de manera completamente voluntaria para orar. Hacemos disponibles las instalaciones con

este propósito y, de vez en cuando, recibimos comentarios de cuán valiosas resultan esas ocasiones de comunión. No se presiona a nadie que no muestre interés en participar.

Me siento abrumado cuando advierto que hay personas —no asociadas con nuestra empresa— que regularmente oran por nosotros. Uno de ellos es un anciano llamado Endel que vive en Estonia. Durante diez años estuvo prisionero en un gulag soviético, pero en aquella situación desesperada se convirtió en creyente de Jesucristo. Aquella experiencia transformó su vida y, desde entonces, se levanta temprano cada mañana y pasa varias horas en oración. Nos conocimos hace unos años y, cuando Endel se enteró de nuestro negocio, nos dijo que quería incluirnos en sus momentos de oración. No puedo dejar de creer que este compromiso desinteresado ha contribuido de manera significativa a las bendiciones que vemos día a día.

Tomar en serio la fe

La presentación del noticiario de la ABC acerca de nuestra entidad, también mostró la amplitud de los esfuerzos de otras personas de toda la nación por integrar la vida espiritual con el trabajo. Peggy Wehmeyer y su equipo visitaron algunos grupos de hombres y mujeres de empresa que se reunían en diversas ciudades para estudiar la Biblia y para orar. Visitaron un grupo de empresarios judíos, en Wall Street, que se reunía cada semana para leer la Torá y orar. Informaron sobre el impacto de los grupos empresariales, donde se incluyó al Comité de Empresarios Cristianos y a la Fraternidad de Compañías para Cristo. Miles de personas se reúnen de forma regular en estas y otras organizaciones para explorar la relación de la fe con el trabajo y para orar juntos.

Estoy encontrando redes de altos dirigentes comerciales, incluso las cabezas de algunas de las empresas más grandes de los Estados Unidos, que toman en serio su fe. De hecho, formo parte de un grupo que se reúne periódicamente al que damos seguimiento mediante conferencias telefónicas; mantenemos la comunicación y oramos cada uno por los demás.

Existe un énfasis similar en la esfera internacional. El Comité de Empresarios del Evangelio Completo tiene cabildos en cada esquina del globo, y la Cámara Cristiana de Comercio International, con sede en Suecia, realiza seminarios y patrocina exhibiciones por todo el mundo para empresarios y empresarias cristianos.

Como dijera Peter Jennings cuando presentó la historia de nuestra compañía, existe una «creciente tendencia entre los líderes comerciales de los Estados Unidos por hacer que la fe personal incida en sus empresas».

Estoy convencido de que esta tendencia está íntimamente vinculada con la oración; la oración de personas sinceras que manifiestan un deseo genuino de ver que las empresas, los negocios, las profesiones, cada aspecto de nuestra vida laboral se somete a Dios y a sus propósitos fundamentales.

20
La dirección del negocio: visión

¿Tiene su negocio un sentido de dirección?

¿Guarda el personal con quien usted trabaja ciertos valores básicos?

¿Se comunican estos valores eficazmente a fin de que sean aceptados en toda la organización?

Estas escudriñadoras preguntas se le plantearon a nuestro equipo de alta gerencia hace unos años en una reunión con uno de los miembros externos de la junta directiva de nuestra compañía. A medida que considerábamos cada una de ellas, concluimos que se nos planteaba un reto por delante. Lo que recogíamos como visión escrita era impreciso y complicado. Este directivo nos puso a trabajar. Estamos agradecidos ahora por su insistencia, pero entonces representaba una tarea mucho más grande de la que esperábamos.

Nos percatamos, a través de este esfuerzo, de que algunas ideas vagas sobre dirección en las mentes de ciertos ejecutivos claves no son suficientes. La visión y los valores de la compañía necesitan reflexionarse con detenimiento, escribirse y cobrar vida para las demás personas de la empresa. La visión es el punto focal de este capítulo; los valores, del siguiente.

Dos visiones persuasivas

La visión es la imagen global que describe el destino de una empresa. He aquí dos ejemplos persuasivos formulados por anteriores jefes de Estado:

En 1960, el presidente John F. Kennedy lanzó este memorable reto: «Creo que esta nación debe comprometerse a lograr la meta, antes de que termine esta década, de poner a un hombre en la Luna y hacerlo regresar a salvo a la Tierra».

Un científico de informática que trabajaba con el programa de exploración espacial Apolo describe el impacto que esta clara meta, enfocada y exigente, produjo en sus colegas:

> Nunca he visto a un grupo de personas trabajar como ellos, con tanto fervor y concentración absolutos que consideraron como su propia misión personal enviar astronautas a la luna. Trabajaron increíblemente durante

muchas horas diarias bajo una intensa presión y lo disfrutaron. Tuvieron algo que incorporaba significado y valor a su propia vida, y dieron el 200% de sí mismos para hacerlo realidad. (Charles Garfield, *Peak Performers* [*Realizadores Prominentes*]; Nueva York: William Morrow, 1986).

El presidente Ronald Reagan fue incomparable en nuestro tiempo para comunicar una visión de forma clara. En 1987, de pie ante la Puerta de Brandeburgo y el Muro de Berlín, cerrado durante mucho tiempo, aseguró: «Este muro caerá. Las creencias se convierten en realidad. Oigan ustedes en toda Europa: este muro caerá, porque no puede resistir a la fe, no puede resistir a la verdad. El muro no puede resistir a la libertad».

Ni qué decir tiene que la fuente de esta memorable declaración se convirtió en un grafiti garabateado en el propio muro. El presidente Reagan le dio vida para unas personas ansiosas de cambio que no tomaron en cuenta el sacrificio personal requerido.

Menos de dos años después, el muro cayó. Al poco tiempo, el legado totalitario del comunismo terminó después de setenta años (Peter Hannaford y Charles D. Hobbs, *Remembering Reagan* [*Recordando a Reagan*]).

Dirección verdadera

Creo que la Biblia puede ayudar a las personas de empresa a tener un sentido claro de dirección. De hecho, una manera de ver la Biblia es que trata en su totalidad de visión. Es acerca de un Dios santo que define la realidad para hombres y mujeres y nos saca de nuestras circunstancias para llevarnos hacia su destino, o, en palabras de T. S. Eliot, hacia «las cosas permanentes», las que son perdurables, nobles, llenas de esperanza.

Un proverbio bíblico dice: «Cuando falta la visión profética, el pueblo se desenfrena (o vaga sin dirección)». ¿No describe esto, lúcidamente, el problema que enfrentan hoy tanto individuos como organizaciones, incluso las naciones? ¡Para mí representa la imagen de un barco cuyo timón no funciona y navega sin brújula, a la deriva, atrapado en una densa niebla! Pero arreglemos el timón, instalemos la brújula y encontraremos la respuesta a la curiosa pregunta de Winston Churchill: «¿Por qué el barco vence a las olas cuando las olas son tantas y el barco es uno?».

La razón es que el barco tiene un propósito.

La visión bíblica: un sentido de propósito

La Biblia describe a muchas personas afectadas por una visión y un sentido de propósito dados por Dios, o que sufrieron en gran parte por carecer de esto. Nuestra propia visión puede ampliarse cuando meditamos en algunos de esos ejemplos:

- Abraham fue llamado y guiado por Dios para salir de una ciudad próspera hacia una tierra prometida, pero desolada, donde se convertiría en el padre de una nueva nación, con descendientes «tan numerosos como las estrellas de los cielos».
- A Nehemías, estando exiliado en Persia al servicio del rey, se le informó de que su Jerusalén amada estaba en ruinas, lo que produjo en él la atrevida visión de reconstruir y restaurar esa ciudad. Luego participó en la ejecución de la visión. «Envíame —le solicitó al rey— y la reedificaré».
- El profeta Habacuc recibió una visión majestuosa de que un día la tierra se llenaría de la gloria del Señor. A fin de que no se perdiera la visión, Dios lo incitó a escribirla y ponerla en claro, para que el que la leyera corriera a obedecerla.
- Y considere a Jesús: mientras el mundo contemplaba su derrota definitiva en la vergüenza de la cruz, Jesús advirtió una abrumadora victoria sobre Satanás y, más allá de la cruz, percibió la vida en el Reino eterno de Dios para quienes lo siguieran. El libro de Hebreos dice que «por el gozo puesto delante de Él sufrió la cruz»; tuvo la visión de la victoria que alcanzaría su sufrimiento.
- Al final de la era presente, las Escrituras muestran que la mayoría de las personas verá solo acontecimientos desligados que suceden al azar. Pero el apóstol Pablo nos alienta diciendo que Dios estará muy activo en un proceso sistemático de «reunir todas las cosas en Cristo (...) las que están en los cielos como las que están en la tierra».

Estos pocos ejemplos deberían recordarnos la importancia de la visión, y nos debería alentar que el mismo Dios que impartió su visión a lo largo de la historia escrita, puede dirigirnos a nosotros también.

Sin una visión...

Pero tristemente, en las Escrituras se recogen muchas historias de personas que fueron incapaces de mantenerse en la visión que se les dio. Tres ejemplos ilustran el planteamiento:

- Esaú antepuso el apetito a su destino y vendió la primogenitura a Jacob, su hermano menor, por un plato de lentejas. Aunque suplicó para que se le restaurara su herencia, su impulsividad egoísta acarreó un resultado irreversible. (Resulta esencial que nuestro éxito empresarial nunca se obtenga a expensas de nuestra alma).

- Saúl, el primer rey de Israel, rápidamente perdió la visión del pueblo que gobernaba. Impulsado por el miedo y la confusión, más bien se obsesionó con la destrucción del destacado joven David, quien era su fiel admirador y a quien Dios había nombrado como su sucesor en el trono.
- Judas Iscariote, uno de los doce apóstoles, fue incapaz de percibir que la persona a quien había seguido y de quien había aprendido durante tres años era, en verdad, el mismo Hijo de Dios. Finalmente, Judas traicionó a Jesús y lo entregó a sus perseguidores por unas insignificantes treinta monedas de plata.

Todos estos tuvieron una perspectiva egoísta, de corto plazo y, trágicamente, cada uno perdió la visión de los eternos propósitos de Dios.

La aplicación a los negocios

La visión que es inspirada y aceptada puede enfocar y movilizar cualquier empresa, incluso nuestros negocios.

En el proceso que inició el miembro de nuestra junta, el equipo de alta gerencia empezó a definir nuestra dirección corporativa. En su debido momento desarrollamos esta declaración de la visión:

Nuestra visión es constituir una familia de compañías excepcionales, cada una de las cuales sirva a sus clientes de formas distintivas e importantes y refleje íntegramente la aplicación práctica de los valores bíblicos.

Este tema provee una continuidad de cultura y de propósito común para los más de quinientos empleados de tres negocios diferentes, aunque relacionados. Algunas palabras claves son *construir, excepcionales, servir, clientes, valores bíblicos*... Usando estas como fundamento, podemos reforzar las ideas principales y los puntos focales que nos ayudarán a todos a movernos en la misma dirección.

¿Por qué la Biblia?

Algunos pueden cuestionar nuestra referencia franca a los valores bíblicos; para muchos esto no será apropiado. Pero nosotros (y somos una compañía privada), creemos que este énfasis ayuda a establecer los linderos dentro de los cuales queremos funcionar. Como les indicamos a los empleados al explicarles nuestra visión, cada empresa se guía por algún punto de vista, por cierta filosofía de soporte. Nuestra gerencia ha elegido adoptar los dogmas y principios bíblicos como guía.

No se obliga a los empleados a que estén de acuerdo; sin embargo, prácticamente todos ven como sano y positivo que este énfasis rija nuestro enfoque hacia las personas, las finanzas, las políticas y las prácticas. Tenemos cuidado de ser inclusivos con la fe de cualquier empleado, asegurándonos de que las creencias religiosas no detengan su oportunidad de trabajar o avanzar en nuestras compañías; más bien, tratamos de mirar a todos con respeto y aprecio.

Hablamos de visión y valores, pero la terminología no es tan importante. Algunos se refieren a misión, metas, planes, objetivos o usan otros términos. Lo importante es que las declaraciones de dirección se plasmen a la medida del individuo, que se generen por el involucramiento prudente del liderazgo y que sean ampliamente comunicadas a quienes deben realizarlas en la vida cotidiana.

Las siguientes son algunas guías para formular declaraciones de dirección:

- son breves;
- están escritas y disponibles para todos;
- definen la esfera de actividad;
- son fáciles de entender y de recordar;
- inspiran, evocan compromiso y energía;
- están sujetas al cambio, pero no sin consideración cuidadosa;
- son coherentes con (no en contra de) los principios y valores de las Escrituras.

Lograr y expresar la visión con claridad es la responsabilidad primordial del liderazgo corporativo. De la visión llega la dirección, la cual ayuda a construir la base de los valores que forjan el carácter corporativo. Hacia esta base de valores se enfoca el siguiente capítulo.

21

La dirección del negocio: valores

La dirección del negocio se define no solo por una visión clara, sino también por un conjunto de valores de fondo. Si se consideran con cuidado y se comunican de una manera eficaz, estos valores constituyen recursos poderosos para focalizar las energías de una organización. Se convierten en boyas que marcan la ruta del barco corporativo hacia el cumplimiento de su visión.

La pregunta clave para toda persona de negocios es ¿qué valores? Muchas personas buscan las respuestas. Tomando en cuenta que nuestra cultura está perdiendo sus derroteros morales y éticos, las personas adineradas han estado dirigiendo las donaciones y los legados más grandes jamás ofrecidos a universidades e instituciones de enseñanza superior para que encuentren e impartan las respuestas a esta pregunta.

Los valores en las instituciones académicas

Como consecuencia de la emisión de la ABC, me invitaron a participar en un simposio sobre los valores convocado por la Universidad de Harvard. El objetivo específico era explorar de qué formas afectan los valores a las instituciones privadas y públicas, incluso al Gobierno. La reunión, que duró todo el día, congregó a unas treinta personas: miembros de las escuelas universitarias de la facultad, graduados de Harvard en negocios, en leyes, en gobierno y en teología, así como líderes empresariales, de los medios de comunicación y de las artes.

Peter Jennings participaba, lo que nos permitió una oportunidad para conversar más sobre su comentario televisado «Están usando a Biblia como guía para los negocios». Ratificó lo bien que había sido recibido aquel programa y compartió su propio punto de vista: que existe un hambre de contenido espiritual, en gran parte ignorada por los principales medios de comunicación.

Al comienzo de nuestra sesión se nos pidió que escribiéramos, en orden de prioridad, los valores que sostenemos más de cerca. Supongo que no debería haberme escandalizado, pero lo hice. Una participante, profesora en la Escuela de Teología, categorizó como su segunda prioridad más importante ser una esposa fiel, lo que elevó mi opinión acerca de los valores de, al menos, una persona de esta prestigiosa universidad. Sin embargo, la euforia fue breve: duró solo hasta que ella explicó con intrepidez que por cónyuge fiel ella quería decir que había estado casada con la misma compañera lesbiana durante dieciocho años. ¡Hay muchas maneras diferentes de definir los valores! El balance del día, aunque interesante, no nos movió un ápice más para identificar exactamente qué valores son de capital importancia.

¿Una caída de valores?

Harvard no es la única que abriga, si no alienta, valores que se alejan de forma radical de los que tradicionalmente se han sostenido en nuestra nación. Un ejemplo más. Hace algunos años, realicé un curso de Administración Ejecutiva en la Universidad de Stanford. En el curso se incluía una conferencia de ética dictada por un miembro eminente de la facultad. Siguiendo las buenas formas académicas, se abrió la clase para efectuar comentarios después de su charla. Empecé mi pregunta con una suposición:

—Reconociendo que ha habido una disminución de los valores morales en nuestra nación...

Hasta allí llegué antes que el profesor me interrumpiera:

—¿Qué quiere decir con «una disminución»?

Comencé a citar lo que para mí eran claros indicios de tal disminución: aumento del crimen, mayores índices de divorcio, pornografía descontrolada... Pero él me cortó de nuevo.

—Oiga —dijo muy agitado—, quiero que veamos si existe algún consenso en esto. ¿Cuántos de ustedes están en desacuerdo con la premisa de este caballero de que los valores están declinando?

Ahora no se trataba de una clase de universitarios extremistas. Los 120 ejecutivos, casi todos de la costa oeste del país, dirigían con éxito empresas medianas y grandes. Quedé aturdido cuando casi el 80 % de las manos de aquel salón se levantaron rápidamente.

—Allí lo tiene —proclamó el profesor airosamente—. Esto prueba que las cosas no están empeorando. Pienso que las personas son ahora más francas acerca de lo que de cualquier manera ya estaba ocurriendo.

Mi único consuelo en ese encuentro fue que algunos de la minoría me buscaron y afirmaron sus propias observaciones y preocupaciones. Un empresario de Suiza me dijo:

—John, solo cuestiono una cosa de lo que usted dijo. No son únicamente los Estados Unidos los que están declinado. Es todo el mundo occidental.

Valores de fondo para los negocios

Estas experiencias aumentaron mi deseo de formular y comunicar un conjunto de «valores de fondo» en nuestra empresa. Pensé que estos valores necesitaban estar bíblicamente arraigados si habían de tener la calidad duradera que los hiciera diferentes de la ambivalencia moral y ética de nuestra cultura actual. Al mismo tiempo, necesitaban ser simples, comprensibles y memorables; algo sobre lo que pudiéramos edificar nuestros esfuerzos de educación y de capacitación. Identificamos estos tres: integridad, excelencia y un respeto profundo por la persona.

El tercero, el respeto profundo, es tan esencial que lo centré en el capítulo 12, «Valor infinito». (Supongo que no estaba seguro de cuánto tiempo se mantendría usted leyendo). El concepto clave es que Dios le atribuye al individuo un valor infinito, así que cada persona merece nuestro profundo respeto. Veamos ahora los dos primeros, sobre todo en relación con sus raíces bíblicas.

Integridad

Por definición, 'integridad' significa cumplimiento de una norma de valores. Lo que es sano, entero, completo posee integridad. Puede ser la estructura de un puente, una filosofía o una persona. Lo opuesto es lo que es transigente, fracturado, defectuoso. En el uso bíblico, integridad incluye veracidad, honradez, rectitud, irreprochabilidad, totalidad.

El salmo 51 describe al hombre o a la mujer íntegros y enumera las cualidades dominantes del carácter de estas personas: él o ella se conducen con rectitud, que es sinónimo de justicia; en su corazón anida la verdad, y «no cambian ni aún jurando en propio perjuicio».

Imagino a alguien que, con un apretón de manos, acuerda vender una propiedad por cierta suma de dinero. Al día siguiente otra persona le ofrece más dinero. La persona íntegra honra el compromiso anterior, aun cuando dar un paso atrás le trajera mayor ganancia.

En mi experiencia, la integridad de un empresario se pone a prueba con regularidad. Encontramos tal reto al comienzo de mi carrera con un cliente de Japón. El agente comprador de esa compañía nos pidió una comisión, pagadera a él personalmente, por las ventas de nuestros productos a su compañía. Si bien esto era claramente un soborno, a nuestro juicio, aprendimos que la costumbre no es inusual en Asia. Decidimos apegarnos a nuestros patrones morales y rehusamos el pago de esa comisión, sabiendo que eso nos podría costar el tan necesario negocio. Felizmente no fue así. La respuesta del agente cuando rehusamos pagarle fue:

—¡Bueno, nada me costaba pedirla!

Imagínese lo que podría hacer hoy una significativa transfusión de integridad para transformar la manchada imagen de los negocios. El apretón de manos podría volver para reemplazar los enmarañados contratos legales. No habría reportajes sobre la corrupción ni escándalos comerciales, como los que recientemente han enviado a prisión a destacados dirigentes comerciales y han sacudido los cimientos de las compañías más grandes y más prestigiosas de esta parte del mundo. Los valores absolutos, probados por el tiempo, volverían a reemplazar el relativismo moral que ha engendrado tanta confusión sobre la manera de pensar y de actuar. ¡Los empleados no quedarían atrapados en el dilema de cuándo mentir o cuándo no mentir!

Excelencia

Como la integridad, la excelencia es un concepto que tiene raíces en la Biblia. (Pero no se lo digan a Tom Peters: su trascendental estudio y libro *In Search of Excellence* [*En busca de la excelencia*] todavía sigue generando derechos de autor).

En una pequeña sesión que mantuvimos con unos sesenta gerentes de nuestras compañías, les encomendé una tarea, a fin de comprobar lo evidente que resulta la excelencia en las páginas de apertura de la Biblia, el primer capítulo de Génesis. Cada uno pudo contar hasta siete ocasiones en que Dios consideró aspectos diferentes de lo que Él había creado y vio que era bueno. De hecho, en el día final, Dios contempló todo lo que había hecho y dijo que era muy bueno. ¡Era excelente!

Esto es lo importante: ¡*todo lo que Dios ha creado es excelente*!

Si bien Génesis nos ofrece una primera apreciación de la naturaleza de Dios, las Escrituras que siguen nos revelan a un Dios maravilloso y asombroso más allá de toda descripción. Él mora en un dominio que desafía nuestra imaginación; un dominio completamente puro, totalmente libre de corrupción y pecado, perfectamente ordenado e intensamente bello. El meollo del asunto es que esta excelencia tan descriptiva de la naturaleza de Dios y del dominio en el que mora debe integrarse, de cierta forma, en el campo de actividad terrenal, dentro del tiempo y el espacio en el que vivimos. Esto es exactamente lo que quiso decir Jesús cuando enseñó a sus discípulos a orar: «Venga tu Reino. Hágase tu voluntad, como en el cielo, así también en la tierra».

Todo lo que lleva la marca del Reino de Dios, será excelente. Nunca podremos duplicar por completo la perfección del dominio celestial, pero poniéndonos al lado del embajador de Dios en la tierra, Jesucristo, ciertamente podemos emularla. El apóstol Pablo expresa esta idea cuando dice:

«Si pues coméis o bebéis o hacéis otra cosa, hacedlo todo para la gloria de Dios». Este es un llamado a la excelencia.

Michael J. Fox, el talentoso actor de cine, efectúa una distinción importante: «Tengo cuidado de no confundir la excelencia con la perfección. La excelencia puedo tratar de alcanzarla; la perfección es cosa de Dios».

Una manera como hemos intentado promover el concepto de excelencia es mediante la búsqueda de la mejora continua en todo lo que hacemos en nuestra compañía. Es el concepto opuesto al que dice: «Si no está roto, no lo arregles». La mejora continua dice: «Aunque no esté roto, encuentra la manera de hacerlo mejor».

Hace poco, el equipo que pinta nuestros productos aceptó este reto después de hacer las cosas prácticamente de la misma forma durante años. Trabajando con los ingenieros, desarrollaron mejoras en el sistema que aumentaron la productividad en más del 40 %. Ahora están intentándolo de nuevo, buscando formas para mejorar la calidad de la pintura y reducir las emisiones a la atmósfera. Confiamos en que en fechas próximas desarrollen algunas nuevas ideas.

Excelencia. A la postre, no se define con un producto o un proceso, sino con una persona.

Jesús, el carpintero

¿Ha pensado usted alguna vez en cómo empezó Jesús su carrera profesional? Él era un pequeño empresario, un carpintero. Pensemos en Él de esa manera por un momento, no como un líder religioso. Tengo un gran dibujo contemporáneo, hecho al carbón, de Jesús el carpintero sobre el viejo buró de mi oficina. Sujeta un simple cepillo de carpintero en la mano rugosa y fuerte; el ojo exigente examina el trabajo que está realizando. Cuando contemplo ese dibujo pienso en lo extraordinaria que debió de ser la calidad de su artesanía, aun con las torpes herramientas de aquellos tiempos.

A veces me lo imagino dando los toques finales a un gabinete que ha ensamblado para una anciana viuda que vive calle abajo de su modesto taller. Se lo entregará esa tarde. Ella lo invita a entrar, es una visita; charlan, y ella se queda realmente asombrada de la amplitud de su conocimiento y de sus finos modales. «Este no es un carpintero ordinario», piensa ella, mientras Jesús sigue su camino.

La anciana se acerca al gabinete. El precio es muy razonable, concluye; en especial para ser una pieza tan sobresaliente. Aunque su vista le falla, lo examina de cerca, pasando su mano de un lado a otro, de arriba abajo. Está tan cerca de ser perfecto como nada que alguna vez haya tenido. Las junturas, el ajuste, el acabado son exquisitos. No puede esperar para mostrarlo a sus vecinas. Llega a una conclusión: «El trabajo de este carpintero, este vecino mío, es de verdad excelente».

Jesús representa la excelencia; su artesanía, en la tierra, suponía meramente un reflejo de su perdurable e impecable carácter, de su naturaleza, su vida y su misión.

CUARTA PARTE

Resumen

212

¡Por fin lunes! Integrando trabajo y fe

En pocos minutos, su avión aterrizará y rodará por la pista hacia la puerta de salida, usted se pondrá camino a casa y ya habrá terminado de leer este libro.

Quizá se haya preguntado la razón del título, *¡Por fin lunes! Integrando trabajo y fe*. Bueno, esta es la historia.

Cuando el manuscrito estaba casi terminado, mi corrector de texto, Dick Leggatt, y yo visitábamos las casas editoriales. En uno de los viajes habíamos tenido un día muy atareado e íbamos a abordar un avión de Southwest que nos llevaría de regreso a Cleveland. Era la tarde del viernes y el vuelo estaba completamente lleno, en su mayoría, de cansados hombres de negocios.

—Esperen un momento —exclamó una azafata desde el interior del avión—. ¿Qué están haciendo ustedes dos con la corbata puesta? ¿Creen que este es un vuelo de Delta?

Dick y yo sonreímos, nos quitamos de un tirón la corbata y dijimos:

—De ninguna manera. Volvemos a casa el fin de semana.

Una vez que nos sentamos con dificultad y despegamos las azafatas de Southwest continuaron involucrando a los pasajeros en comentarios chistosos. Todo el mundo era un buen blanco de sus bromas, y todo el mundo lo estaba disfrutando. La tripulación del avión estaba transformando el trabajo en algo divertido, y proporcionaban un servicio de calidad, de acuerdo con los reglas de la Agencia Federal de Aviación, pero inyectaban un poco de alegría para aliviarles la tensión de la semana laboral a esos 120 empresarios viajeros, rumbo a casa.

Durante el vuelo, Dick y yo hablábamos sobre títulos para el libro. Ya habíamos considerado casi cien posibilidades, sin encontrar el correcto.

—Dick —le dije—: ¡pienso que esta es la parte más difícil de todo el proyecto!

—¡Quieto, caballito! —exclamó una azafata cuando el avión aterrizó. Las risas corrieron de arriba abajo del pasillo.

—Este vuelo resultó realmente agradable —comentó Dick mientras el avión se acercaba a la terminal.

La mañana siguiente era sábado. Mi intención era dormir un poco, pero no pude. Mi mente recurrió otra vez a la desconcertante tarea de encontrar un título. Una idea, después otra y otra más. Entonces tropecé con esta: *¡Por fin lunes! Integrando trabajo y fe.* «¡Eso es! —pensé—. Las azafatas de aquel vuelo hacían divertido su trabajo. Si lo estaban haciendo porque era viernes, ciertamente no lo mostraban. ¡Apostaría que disfrutan del lunes tanto como yo!».

Así nació el título. Cuando lo consulté con los demás la respuesta fue entusiasta. Pero más que gustarles el título les gustaba la idea: «Oigo a mucha gente quejarse de los lunes. —Era un comentario típico. Y luego agregaban—: Pero yo no lo veo de ese modo. Me encantan los lunes. Siempre los he disfrutado».

En verdad, toda la idea de trabajar ha sido injustamente criticada en nuestra cultura occidental. Al igual que con tantas distorsiones de la norma bíblica, hemos venido a asociar el trabajo con penalidades y banalidad, no con dignidad y realización. Y es que fue Dios mismo quien proporcionó un lugar para la estima al trabajo, quien desde el primer versículo de la Biblia se comprometió con el trabajo, al crear los cielos y la tierra y sostener después todo lo que creó. Pero Dios también sabe descansar. «El séptimo día concluyó Dios la obra que hizo, y reposó el séptimo día de todo cuanto había hecho», dice el relato de Génesis. Creados como somos a la imagen de Dios, es casi como si a los hombres y las mujeres los hubiera creado para trabajar; después, de manera juiciosa, para descansar. Es como un ritmo incorporado en el ciclo humano de la vida. Tanto lo uno como lo otro resultan importantes, incluso esenciales.

Pienso en este ciclo deliberado cuando recuerdo a George, un esforzado trabajador que comenzó en nuestra compañía poco después de la segunda guerra mundial. Había visto lo peor de la guerra en el Pacífico, en la Marina de los Estados Unidos. En cierta forma, las disciplinas que había aprendido en el servicio militar se transfirieron a su trabajo como ensamblador de quemadores de petróleo. Sorprendentemente, cuando se jubiló después de casi treinta años, George no había faltado un solo día al trabajo. Quizá había padecido algunas enfermedades menores y, en ocasiones, tendría que luchar contra el mal tiempo para ir a trabajar. Pero él siempre estuvo allí, y casi siempre saludable.

Pero entonces, cuando se jubiló, dejó de trabajar. Al principio se levantaba a las cinco, tal como solía hacerlo antes, pero poco después comenzó a dormir hasta tarde. George se aburrió de la vida. A los pocos meses, las enfermedades aparecieron y lo debilitaron. Entonces el desánimo lo golpeó. Había perdido el sentido de propósito. Había desaparecido un aspecto clave de su vida. Tristemente, en el plazo de unos pocos años, George murió y perdió así la mayor parte de la jubilación que había planeado durante tantos años. Más de lo que ni él ni nadie pudiera llegar a imaginar, el trabajo se había convertido en la parte más importante de su vida.

Conceptos claves

Uno de los propósitos de este libro es despertar en usted una pasión fresca por su trabajo, tanto ahora como en los años venideros. En resumen, estos son algunos de los conceptos claves que aseguran, de verdad, la vocación y el trabajo remuneradores.

El trabajo es un llamado enaltecido, no de valor secundario. Deberíamos empeñarnos en permanecer dentro de los límites de nuestros dones, en las esferas que se nos han adjudicado. El trabajo cobra mayor dignidad a medida que tratamos a cada persona con la que nos relacionamos en el negocio con gran respeto y conforme funcionamos en un marco de excelencia e integridad. Resulta esencial que nunca alcancemos el éxito a expensas de nuestra alma: hay que considerar algo más que las ganancias netas. Las normas y los valores arraigados en la Biblia pueden servir de brújula a este respecto en mares que pueden ser turbulentos y traicioneros.

Un sentido de propósito emerge conforme buscamos oportunidades para servirnos el uno al otro en el trabajo y a medida que nos esforzamos por ser administradores responsables de los recursos que se nos han confiado. Nuestra vocación se muestra mucho más propensa a constituir un deleite cuando nuestras prioridades son las correctas, si le otorgamos el debido lugar a la relación con Dios y a la familia. Encontraremos que podemos tener paz en las situaciones de trabajo más increíblemente difíciles cuando consignamos nuestro camino en el Señor y le dedicamos tiempo a la oración. Y quizá lo más importante sea que podemos estimularnos con una visión atrevida y viva del trabajo que realizamos; una visión que transmite dirección y nos eleva a lo que es noble y digno.

No obstante, existe una dimensión que va más allá de las más cuidadosamente elaboradas directrices para alcanzar el éxito en los negocios. Hacia esa dimensión nos dirigimos ahora.

23
El objetivo final

Visión... Misión... Propósito... Principios... Valores... Metas... Estrategias... Objetivos...

Todo eso puede resultar bastante abrumador.

Uno de los propósitos principales de este libro es presentarle a usted la relevancia de conferirles un enfoque bíblico a los negocios. Afirmamos que podemos encontrar apreciaciones prácticas, respuestas y direcciones mediante el conocimiento y la aplicación de los tesoros inagotables encontrados en la Biblia, el libro eterno que dignifica la biblioteca de su casa.

Pero aun la exposición más clara de la verdad bíblica y los esfuerzos más diligentes para integrar esta verdad en el trabajo nos dejará por debajo del objetivo final. El objetivo final es una relación.

A veces las cosas comunes que ocurren durante el día me ayudan a comprender verdades importantes.

Me gusta correr, o mejor dicho, hacer *footing*, pero no tanto como a Gamuza, nuestro perro labrador. Cuando por la mañana observa que me pongo mis deportivas, se muestra extraordinariamente inquieto. Está bien entrenado y se desplaza sin correa. Le gusta adelantarse unos veinte o treinta metros y tomar pequeños desvíos para olfatear esto o aquello.

He notado como, con frecuencia, mira atrás hacia su amo. Se trata solo de un rápido giro de la cabeza, pero es suficiente para volver a calibrar la distancia, alterar el paso o la dirección.

Un día se me ocurrió que el Señor estaba usando este sencillo ejemplo para atraerme más hacia una relación con Él, para que me quede cerca de Él y verifique con frecuencia que no me esté alejando ni desviando del camino.

En comunicación permanente

El mensaje del evangelio nos invita a una relación real, vital y personal con Dios. Jesús se refiere a eso como 'permanecer', en el sentido de morar juntos durante una larga temporada. Él amplía la idea usando la analogía de los sarmientos que están íntimamente unidos con la vid y brotan de ella: «Yo soy la vid, y ustedes son las ramas».

Esta relación resulta esencial para toda vida, incluso para nuestra capacidad de extender la verdad bíblica al lugar de trabajo. Trasciende los principios, por nobles que estos sean. Pongo el énfasis en esto porque la literatura basada en los principios a menudo se queda corta en la importancia fundamental de las relaciones.

Usaré una analogía.

Tengo una relación maravillosa con mi esposa Wendy. Nos hemos conocido a lo largo de más de cuarenta años. Es extraño cuánto nos comprendemos el uno al otro, cómo sabemos lo que el otro está pensando sin decir palabra. Nuestra relación amorosa nos ha llevado a través del reto de criar a seis niños, nos ha abierto el paso ante la muerte de seres queridos, nos ha ayudado a enfrentarnos con accidentes y enfermedades graves, a permanecer juntos mientras levantábamos nuestro negocio, a superar las tensiones, las tentaciones, los malentendidos y la adversidad que cada pareja de casados encuentran.

Pero ¿hicimos todo esto siguiendo unos principios cuidadosamente preparados? Desde luego que no. Una relación es fluida, va más allá del apego a los principios. Prospera cuando se pasa tiempo juntos, cuando se entablan conversaciones íntimas, cuando se comparten las alegrías y los pesares, cuando se trabaja para resolver las dificultades. Si se atiende con cuidado, crece y se convierte en lo más querido de la vida.

Cercanía única

Lo que se aplica a las relaciones cercanas con seres queridos resulta aún más esencial en nuestra relación con Dios.

El objetivo final (y el privilegio) de la vida es conocer a Dios íntimamente, y esto ocurre cuando establecemos y mantenemos una relación personal con Jesucristo.

A través de esa relación fluyen no solo la verdad, sino también los medios para manejar de manera correcta esa verdad. A causa de conocer a Dios, sobreviene la facultad de sentarse en presencia de Dios, en su oficina privada, todos los días, y nos permite obtener su perspectiva y aprender sus caminos. Conocer a Dios quiere decir que nuestra vida se llena de su vida.

Con su libro *Experiencing God* (*Experimentando a Dios*), Henry Blackaby me ha ayudado a comprender la relación única que cada uno de nosotros puede alcanzar con el Padre eterno por medio de Jesucristo. Blackaby dice que probamos y percibimos a Dios cuando seguimos el patrón modelado por Jesús.

Jesús dijo: «Mi Padre ha estado trabajando hasta ahora y yo también trabajo». Blackaby percibe un profundo y notable concepto de este versículo: «Dios está trabajando en el acto, en la realidad de todo lo que está a nuestro alrededor: en las situaciones, en las circunstancias y en las dificultades. Él está continuamente produciendo su efecto sin dilación y según sus propósitos definitivos».

Jesús vio que la manera de responder a su Padre era observar lo que Él hacía y tomar parte en la acción. Él dijo: «No puede el Hijo hacer nada por sí mismo, sino lo que ve hacer al Padre. Todo lo que el Padre hace, también lo hace el Hijo igualmente, porque el Padre ama al Hijo y le muestra todas las cosas que Él hace».

Este es para nosotros el modelo de percibir que Dios está trabajando a nuestro alrededor y en nuestra vida, ¡y de unirnos a Él en lo que está haciendo!

La clave radica en establecer una relación estrecha y continua. Supone más que asistir a un oficio religioso y luego salir a hacer lo que se quiera durante la semana. Es diferente a despertar por la mañana, dedicarle un tiempo a la lectura de la Biblia, orar, y después sumergirse en el día con nuestra propia fuerza. Implica mantener nuestros ojos en el Maestro, observarlo de cerca, discernir dónde y cómo actúa Él y después seguirlo.

Nuestro objetivo final va más allá de saber acerca de Dios y sus principios. Nuestro objetivo final es conocerlo como nuestro creador, redentor y amigo. ¡Asombrosamente, Dios desea mantener esa clase de relación íntima con nosotros! Este es el más precioso de todos los posibles regalos.

Bud

Un día Bud se enfrentó a la necesidad de una relación más íntima con el Señor.

Bud se unió a nuestra compañía a finales de los años sesenta como supervisor de departamento; después de varios años, ascendió a superintendente de planta y sirvió como miembro de nuestro equipo directivo. Mantuvo esa posición hasta su jubilación, casi veinte años después.

Ex infante de marina y veterano de la segunda guerra mundial, con un amplio servicio de combate en el Pacífico, Bud era un sensato jefe cuyo duro exterior disimulaba un corazón sensible. No obstante, sus férreos apretones de manos ponían en conocimiento de los demás quién estaba al mando.

Poco antes de su jubilación Bud fue hospitalizado con una infección bronquial. Cuando lo fui a visitar a la habitación del hospital sentí una ansiedad en Bud que no le era característica. Había desaparecido aquel aire de confianza que decía que él seguía a cargo.

Apenas había dicho hola cuando Bud contrajo la cara revelando su dolor; entonces, dijo de repente:

—John, estoy preocupado.

—Mira —le dije—, ellos se ocuparán de esta infección inmediatamente. Con los antibióticos de hoy…

Pero él me cortó diciendo:

—No, eso no me preocupa. He estado pensando desde que me internaron, y no estoy seguro de que las cosas estén bien entre Dios y yo.

—Bud —le dije, ajustándome a su inesperado comentario—, tú y yo hemos trabajado hombro con hombro durante mucho tiempo. Has visto lo que he luchado a lo largo de los años. Pero también me has oído decir que la fe me ha ayudado a ganar batallas.

—Sí, lo he visto —replicó Bud, con una sardónica sonrisa—. Detesto admitirlo, pero de vez en cuando me burlaba de tu fe. Nunca he dicho demasiado acerca de lo que creo. Siempre ha sido un asunto privado.

—De acuerdo —le dije—. Te haré una pregunta directa. Si pudieras, ¿te gustaría estar más seguro de tu relación con el Señor?

Como uno nunca fue de andarse con rodeos, Bud fue igualmente directo en su respuesta:

—Me gustaría —dijo—, me gustaría mucho.

Hablamos de los elementos básicos de la fe cristiana: de cómo el pecado nos separó de Dios, y de cómo Jesús murió por nosotros en la cruz para abrir el camino, a fin de que pudiéramos recuperar nuestra relación con Dios si estamos dispuestos.

Podía comprender su recato. No habían pasado muchos años desde que yo luchaba con los mismos asuntos. Y ahora era Bud quien tenía la urgencia.

—Entonces, ¿qué hago? —me preguntó.

—La clave consiste en que le des acogida al Señor. Él, en su gracia, no te obligará a hacer nada. Pero, si se lo pides, está más que dispuesto a venir a ti. Créeme, Él se convertirá en el amigo más cercano que jamás hayas tenido.

El Señor se convirtió en amigo de Bud aquel día. Su oración de aceptación fue sencilla, pero salió de su corazón.

—John —dijo con lágrimas en los ojos—: el mes entrante cumplo sesenta y cuatro años, y esto es, quizá, lo más importante que jamás haya hecho.

Aquel día Bud ancló su fe como nunca lo había hecho antes. Su decisión se convirtió en la base de su relación personal y constante con el Señor. Me resulta particularmente emotivo recordar aquel tiempo especial que estuvimos juntos, ya que Bud murió cuando yo ultimaba la edición de este libro. Cuando asistí a su funeral, me sentí maravillosamente reconfortado al saber que, a causa del compromiso que Bud adquirió aquel día en el hospital, permanecerá eternamente en presencia del Señor.

24

Embajadores en el mundo de los negocios

Nuestra vida y lo que hacemos con ella es importante para Dios. Una relación cercana con el Señor causará un resultado decisivo y necesario. Encontraremos que es posible hacer que cada aspecto de nuestra vida, incluso nuestro trabajo, esté de acuerdo con la verdad y el diseño de Dios. Esto a su vez nos transformará en personas, no solo más efectivas como seres humanos y como trabajadores, sino más agradables a Dios.

Dios mismo, mediante la palabra y el Espíritu, provee el contexto dentro del cual debemos operar. Cuando estamos rodeados de las directrices que Él establece y de la sabiduría que Él imparte, nuestro trabajo le complacerá y promoverá su Reino aquí en la tierra.

Miremos con atención al futuro y veamos por un instante la agenda de Dios, que es mucho más grande. En un primer momento, notamos una visión que recibió Habacuc, el profeta del Antiguo Testamento. En aquella visión nos anticipó un día venidero en que la gloria del Señor llenaría toda la tierra.

La palabra 'tierra', tal como la usó el profeta, lo incluía todo y a todos los habitantes del planeta. 'Gloria' significa honor, esencia, renombre y esplendor visible: lo opuesto a inestabilidad, interinidad y vacuidad. En verdad, 'gloria' significa la misma presencia de Dios. Imagínese esa clase de gloria llenando la tierra entera. ¡Qué visión!

Aquí y ahora

Comencemos con una pregunta clave: ¿No le parece probable que Dios incluya nuestro trabajo y nuestras ocupaciones en su propósito de llenarlo todo con su gloria? ¿Es este un aspecto de la elocuente visión que tuvo el profeta? Si esta es, ciertamente, la dirección de Dios, ¿cuáles son las implicaciones para nosotros hoy? Si es así, ¿no es razonable que estemos comprometidos con ese proceso, aquí y ahora, y no esperar el «dulce porvenir», sino hacer todo lo posible en la actualidad para poner nuestro trabajo en línea con la gloria de Dios?

En cuanto a mí se refiere, no puedo responder de otra manera que en sentido afirmativo. Desde esta perspectiva, me doy cuenta de que cada día es importante y está lleno de oportunidades, no solo para «sobrevivir en la competencia feroz y desleal del mundo empresarial», sino para ser parte real, por muy pequeña que sea, en la tarea de entrelazar conscientemente lo que hago con los propósitos más elevados de Dios.

En Estados Unidos, tenemos el gran privilegio de gozar de libertad para integrar nuestra fe con el trabajo. No es así en todo el mundo, y realmente no debemos dar por sentada esta libertad en nuestra propia nación. Esta lección se hizo realidad para mí hace algunos años.

Lucha con la CIOE

Usted recordará comentarios anteriores, cuando me encontraba en medio de una batalla con la Comisión para la Igualdad de Oportunidades en el Empleo (CIOE). Fue aquella participación la que al final dio como resultado la entrevista con la cadena ABC.

La CIOE había publicado un conjunto de directrices mal concebidas que imponían serias restricciones al ejercicio de la libertad religiosa en los lugares de trabajo de los Estados Unidos. Cuento la historia porque el enfoque de la comisión habría impedido directamente el proceso de organizar nuestro trabajo según el diseño de Dios.

Dudley Rochelle, una abogada de Atlanta, estaba leyendo cuidadosamente un recién publicado número del Registro Federal (el diario oficial) y vio las directrices propuestas para enmendar la Ley de Garantías Constitucionales de 1964. Mientras las leía con detenimiento, observó algunas implicaciones amenazadoras. Ella me escribió de inmediato un resumen, que recibí pocos días antes de noviembre de 1993, cuando finalizaba el plazo de sesenta días para presentar alegaciones públicas. Le escribí a la CIOE con mis preocupaciones y animé a varios de mis amigos y colegas de negocios a hacer lo mismo.

Pero estaba claro que aquella propuesta pasaría fácilmente en el Congreso para convertirse en ley, y que las cartas de objeción (menos de diez) no surtirían efecto. Me sentía enardecido, con una justa ira, al pensar que un puñado de burócratas podría cerrar los estudios de la Biblia en el lugar de trabajo, la oración antes de las reuniones de negocios, el canto de villancicos en una cena de Navidad, el despliegue de un cartel para anunciar un evento relacionado con actividades de la iglesia o, incluso, el uso de joyas con símbolos religiosos. Otros abogados con quienes hablé confirmaron esta posibilidad.

Medidas preventivas

Me animé más a involucrarme cuando leí, en Isaías 28, que Dios «dará fuerzas a los que rechazan el asalto a la puerta». Esto me impulsó a tomar medidas preventivas en aquel momento, antes de que fuera demasiado tarde. Llegué a la conclusión de que, si aquellas directrices llegaran a ser ley, podría requerirse una década para restaurar la libertad religiosa en el lugar de trabajo. Para entonces, el daño se habría hecho. De hecho, nos enteramos de que una de las principales aerolíneas ya había emitido instrucciones para restringir menciones en el tablero de anuncios de sus centros de operaciones, al efecto de que cualquier referencia de contenido religioso quedaba prohibida.

Humanamente hablando, parecía no haber manera de impedir que las directrices de la CIOE se convirtieran en ley. Pero Dios abrió un camino.

Me enteré de que, si bien el público ya no podía presentar alegaciones, los miembros del Congreso sí podían hacerlo. Me reuní con Mark Siljander, un antiguo miembro de la Cámara de Representantes de los Estados Unidos, quien vio de inmediato los peligros y se lanzó de lleno a la pelea. ¡Estaba inspirado! En un plazo de pocas semanas, y con ayuda de la tormenta de nieve de enero de 1994, que paralizó Washington y entorpeció la reanudación de la sesión del Congreso, pudimos organizar una tentativa para poner este problema en conocimiento de varios integrantes solidarios de la Cámara y el Senado.

Varios ministerios de oración se involucraron y animaron a sus miembros a iniciar un clamor de oración, a escala nacional, para que el conjunto de directrices propuesto no lograra pasar. Entonces la Christian Broadcasting News (Red de Noticias Cristianas) se involucró. Pat Robertson, nunca conocido como alguien que evadiera una lucha en que la libertad religiosa se viera amenazada, envió un equipo de cámaras a nuestra compañía. Fui entrevistado en un reportaje donde se mostraban actividades que tendrían que abandonarse; incluso aparecía un grupo de nuestros empleados reunidos en un estudio voluntario de la Biblia.

El mensaje fue claro: «¡Actividades como estas podrían no ser posibles en el futuro!». Las ondas televisivas de la nación se hicieron eco de esto en varios programas. Siguieron algunas entrevistas en programas de radio y una cobertura especial por parte del Dr. James Dobson en su programa *Enfoque a la familia*. Ahora, realmente, el debate marchaba sobre ruedas.

Una gran corriente de apoyo

Las principales redes de los medios informativos de la televisión lo incluyeron en su programación, y el periódico *Wall Street Journal* escribió un artículo agresivo para el que me entrevistaron. Las oficinas del Congreso fueron asediadas con cartas y llamadas telefónicas. Las personas escribieron más de 100 000 cartas de protesta a la CIOE, más de diez veces la cantidad que habían recibido en cualquier asunto previo. ¡Prácticamente nadie escribió a favor!

Durante aquel proceso ocurrió un incidente divertido que me recordó el sentido de humor del Señor. Invitaron a una representación a reunirse con los abogados de la CIOE para discutir las directrices. Éramos unos extraños compañeros de viaje, con representantes que iban desde la Asociación Nacional Conservadora de Evangélicos hasta la liberal Unión Norteamericana de Libertad Civil. La reunión resultó cordial, pero combativa. Mientras salíamos del centro de operaciones de la CIOE, en Washington, descubrí un bello cartel en un cubículo de la oficina con un versículo de la Biblia. No pude resistirme y llamé a una de las abogadas de la CIOE para apuntarle que, según su propuesta, tendría que quitar el cartel. Su inclinación de cabeza confirmó que había entendido el punto de la controversia.

Libertad preservada

Se introdujo una propuesta en el Senado de los Estados Unidos a fin de no financiar a la CIOE para la promulgación de sus directrices; y, en una rara demostración pública de unidad, el Senado la aprobó en una votación de cien a cero. Poco después la Cámara de Representantes respaldó aquella decisión con un asombroso voto, aunque no fue unánime. Frente a ese muro de resistencia, la CIOE retiró las directrices en el otoño de 1994.

Supuso una tremenda victoria, una afirmación, para mí, de que al mismo Dios que creó el inmenso firmamento también le importa que gocemos de una incontrovertible libertad para expresar asuntos de fe en el lugar de trabajo.

Fue también una alerta para nosotros, hombres de negocios, para no dar nuestras libertades por sentadas. El reto de la CIOE nos puso al borde de un mandato del Gobierno que pudo habernos costado estas libertades para siempre. Aquella batalla me confirmó que los que estamos en los negocios debemos ser intrépidos en el ejercicio de las libertades que tenemos para declarar nuestras creencias y actuar de acuerdo con ellas.

Es un aspecto de la comisión de ser «sal y luz» que Jesús dio a sus seguidores.

Sal y luz

En una de mis visitas a Israel, estuve parado donde se cree que Jesús predicó el Sermón del Monte, desde donde se pueden ver las bellas colinas que rodean las aguas azules del mar de Galilea. Es un escenario impresionante. Fue en este sermón donde Jesús habló de ser la sal y la luz del mundo. Mientras hablaba a la multitud, sin duda Jesús era consciente de que en aquellas colinas, allende el mar, había decenas de miles de personas escondidas en pequeños pueblos que también necesitaban escuchar su mensaje. Él imploró a quienes lo escuchaban que llevaran el mensaje al mundo que los rodeaba.

«Ustedes son la sal de este mundo», dijo Jesús. La sal les transmitía a ellos la idea de ser un conservante y un agente para generar sed. También se dieron cuenta de que, en el proceso de cumplir con su función, la sal podría ser un agente irritante. No obstante, Jesús los amonestó: «No pierdan su sabor».

Y continuó: «Ustedes son la luz de este mundo. Una ciudad en lo alto de un cerro no puede esconderse. Ni se enciende una lámpara para ponerla bajo un cajón; antes bien, se la pone en alto para que alumbre a todos los que están en la casa. Del mismo modo, procuren ustedes que su luz brille delante de la gente, para que, viendo el bien que ustedes hacen, todos alaben a su Padre que está en el cielo».

En efecto, Jesús estaba diciendo que no es suficiente tener una «fe privada». Si es real, necesita brillar desafiando la oscuridad.

Embajadores

El apóstol Pablo usó una metáfora diferente, pero que transmitía un propósito similar, cuando se dirigió a los miembros de la iglesia de Corinto animándolos a extender la mano y a causar impacto en la sociedad que los rodeaba. Corinto era un puerto marítimo estratégicamente localizado, un centro comercial del Imperio romano, una ciudad que bullía en actividad, con comerciantes y administradores, tripulaciones y capitanes, estibadores y mercaderes, soldados y nobles y, en ocasiones, incluso emperadores y reyes.

La siguiente es una paráfrasis mía de lo que Pablo dijo a sus seguidores: «Sean embajadores de Cristo para estas personas. Él quiere reconciliar al mundo entero consigo mismo, incluyendo a los que se afanan en sus ocupaciones y negocios, y en la administración de sus responsabilidades. Él quiere que estas personas y su trabajo cumplan con sus propósitos soberanos. Quiere revelarles su amor, su compasión, su cuidado. Él tiene un destino para ellos más allá de lo que pueden ver. Esta es la realidad, el resto es ilusorio. ¡Y Él quiere que ustedes le ayuden en su propósito! ¡Sean sus embajadores!».

¡Por fin lunes! Integrando trabajo y fe

Este llamado se extiende todos aquellos que hayamos decidido aceptar el mensaje del evangelio. Somos sal y somos luz. Somos sus embajadores, en los negocios y dondequiera que estemos; ante todos con quienes entremos en contacto; en el trabajo, en la vocación a la que Él nos ha llamado. Debemos utilizar cualquier plataforma que se nos proporcione.

Porque, ciertamente, existe un día que está por llegar, un día en el que la gloria de Dios cubrirá cada átomo, cada planta y cada célula humana, cada familia y cada hogar y también cada lugar de trabajo.

Mantengamos esta visión ante nosotros y hagamos todo lo que podamos para acelerar su cumplimiento.

Una esperanza maravillosa late más allá del fin de semana. Consiste en una tarea muy especial a la que Dios nos ha llamado: nuestro trabajo. Y comienza el próximo lunes.

Epílogo

La publicación de *¡Por fin lunes! Integrando trabajo y fe* abrió un nuevo mundo para mí. No me di cuenta en el momento, pero a finales del siglo XX muchas personas estaban inquietas por conferir una mayor profundidad y significado al trabajo diario. Esa ola de interés pronto alcanzaría los negocios en todo el mundo.

En la década pasada se publicaron más de mil libros con el tema de la fe y el trabajo, y se crearon unas mil doscientas organizaciones para promover la idea de integrar estos dos mundos que, para muchos, se encuentran tan separados. Una de ellas, el CEO Forum (Foro de Presidentes Ejecutivos), es una tranquila red de poco menos de doscientos líderes comerciales cristianos, cuyas compañías dan trabajo a casi seis millones de personas. Piense en la plataforma que se les ha dado a estos líderes.

Dentro de este movimiento para modificar el lugar de trabajo, se me ha abierto una ventana en forma de numerosos viajes al extranjero en los que he dado charlas para algunas personas que quieren que su trabajo sea algo más que un empleo. Las he encontrado no solo en los Estados Unidos, sino también en lugares improbables, como Rusia, China, la India, el Oriente Medio, África y Sudamérica. De hecho, parece que casi no hay lugar donde los hombres y mujeres de empresa no aspiren a encontrar un propósito y mayor significado en su trabajo. El hecho de que *¡Por fin lunes! Integrando trabajo y fe* se haya publicado en 15 idiomas ha confirmado lo pertinente que resulta este mensaje en todo el mundo.

Pero los movimientos no se definen solo por la extensión de su alcance. A la postre, deben comprenderse por el impacto mucho más específico en individuos e instituciones. La historia que sigue es una muestra de ello. Se trata del relato de Pat Wingen, fundador y presidente ejecutivo de AaLadin Industries, una pequeña fábrica de Dakota del Sur, en los Estados Unidos. AaLadin ha sido cliente nuestro durante veinte de sus veinticinco años de existencia. Pero hace una década la relación tomó un giro más extraordinario, iniciado por Pat quien, «por casualidad», acertó a ver la transmisión de la ABC, que presentaba los esfuerzos de nuestra compañía por dar un enfoque bíblico a los negocios. A partir de ese día, hemos llegado a ser «socios»: cliente y proveedor estrechamente vinculados para llevar las mejores prácticas cristianas al trabajo diario. Pat cuenta en su historia los profundos cambios que han ocurrido mientras *¡Por fin lunes! Integrando trabajo y fe* se ha convertido en una guía práctica para dirigir su propia empresa. Confío en que la experiencia de Pat pueda promover del mismo modo algunas nuevas direcciones para usted en el lugar de trabajo.

La historia de AaLadin, por Pat Wingen

Cuando John Beckett me pidió que escribiera mis pensamientos acerca de su libro, *¡Por fin lunes! Integrando trabajo y fe*, me sentí halagado y, rápidamente, me di a la tarea de redactar un párrafo. Sin embargo, resultó ser un ejercicio frustrante, pues no había manera de compartir el impacto de este libro en solo un par de oraciones. Por fortuna, me permitió que expandiera un poco las dos oraciones.

Yo estaba un poco familiarizado con los quemadores Beckett y con John Beckett, porque mi compañía confecciona unidades de lavadoras a presión que usan sus quemadores. Recuerdo vívidamente la noche en que estaba siguiendo las noticias de la ABC y Peter Jennings mencionó una compañía de Elyria (Ohio) que usaba la Biblia como mapa para su negocio. Me pareció interesante, pero el programa captó mi atención completa cuando mencionó la Corporación Beckett y, de repente, allí estaba John Beckett. Le dije a mi esposa: «¡Conozco a ese hombre!». Sinceramente creo que no fue coincidencia que estuviera viendo las noticias aquella noche. Ese noticiario de cuatro minutos cambió mi vida.

Al día siguiente llamé a Beckett y le pedí una copia de la transmisión. Es difícil decir cuántas veces la vi y cuántos deseos sentí de dirigir mi compañía como John Beckett lo hacía con la suya. Recuerdo la impresión que me causó su declaración: «Cada individuo fue creado a la imagen y semejanza de Dios». No era como si nunca antes hubiera oído eso, pero ese hombre lo había proclamado en la televisión nacional. Esas palabras me inspiraron. No ha pasado un día en que no haya pensado o repetido esas palabras. «Un profundo respeto por cada individuo». Es un pensamiento sencillo, pero cambiará su vida si comienza a aplicarlo.

Yo no era estudiante de la Biblia, ni siquiera un valiente líder corporativo; pero quería que otras personas de mi compañía, así como de nuestra red de distribuidores, aprendieran del hombre que había sido un gran ejemplo en mi vida. Resultó una bendición para mí que John hablara en nuestra asamblea nacional de vendedores el año siguiente; y esto dio inicio a una amistad que aprecio todos los días. A fines de 1998, John me pidió que le comentara algo sobre el manuscrito de un libro que estaba escribiendo. Fue la primera vez que leí *¡Por fin lunes! Integrando trabajo y fe*, y cada vez que lo vuelvo a leer siento que tengo mucho que aprender. Los escritos de John ponen en palabras lo que espero practicar en el negocio. Mi vida empezó a cambiar paso a paso. Los cambios no se daban solo en la manera de llevar el negocio sino también en la perspectiva del negocio y de la fe.

La educación cristiana me había dado siempre el deseo de hacer lo correcto, pero me faltaba un mapa que me trazara la dirección correcta. Fundé mi compañía en 1981, con la convicción de que «los tipos buenos no siempre terminan los últimos». A pesar de todo ello, nunca logré ver la manera de incorporar la fe al negocio. Entonces, aparece John Beckett, uno de mis proveedores, quien no solo me ayuda con el «mapa», sino que lo describe para que cualquiera pueda seguirlo.

Por primera vez en mi vida de empresario sentí que podía mezclar los negocios con la vida cristiana. La explicación de John de las dimensiones de nuestra vida, la secular y la espiritual, fue el capítulo más esclarecedor que jamás haya leído en cualquier libro. Sentí por vez primera que podía compartir mi fe con otras personas de negocios y con mis compañeros de trabajo sin sentir que me estaba saliendo por la tangente. Observé pronto que otras personas aprovechaban de inmediato la oportunidad para relacionar su experiencia comercial de una manera espiritual. Mostraba el vídeo de cuatro minutos y las puertas se abrían para compartir más mi fe. Esta necesidad de compartir experiencias de manera espiritual en cualquier ambiente secular y en el lugar de trabajo, muchas veces reprimida, ahora parecía tan natural que no podía entender por qué me había llevado tanto tiempo entenderla. Desde luego, esto no sucedió de la noche a la mañana. Han pasado muchos años y todavía sigo aprendiendo todos los días. Continúo leyendo este libro repetidas veces para inspirarme a seguir el mapa que John diseñó tan bien.

Veo la declaración de valores de John y descubro que no hay mejor vía en la operación diaria de mi propio negocio. Si bien estos valores tienen sentido para los no cristianos, también son una excelente expresión de creencias cristianas en un contexto comercial:

- integridad;
- excelencia;
- profundo respeto por el individuo.

A medida que examine cada uno de estos valores, usted podrá ver lo fácil que resulta aplicar las enseñanzas de la Biblia. Jesús nos enseñó estos valores repetidas veces. Él habló de hacer lo correcto (la integridad), de hacer las cosas bien (la excelencia) y de amar al prójimo como a sí mismo (el respeto). *¡Por fin lunes! Integrando trabajo y fe* me ha abierto los ojos —y los de todos con quienes he compartido este libro— a la relación entre lo que hacemos todos los días y nuestras creencias cristianas.

Ya no necesitaba separar la vida comercial de la vida espiritual. Lo que nunca había considerado es que, en primer lugar, esa separación no es real, sino que solo ocurre cuando aplicamos suposiciones equivocadas a algo tan simple como ser cristiano en el trabajo. Después de desechar las suposiciones, me quedé con lo evidente: si uno es cristiano, es cristiano todo el tiempo y en todas partes... ¡y eso incluye el trabajo! La conexión está allí, la separación no es real, y el resto es decisión mía.

Una vez que el cristianismo pase a formar parte de su vida entera (no solo en la iglesia), los cambios en el trabajo ocurren de forma natural. He aprendido a pedir orientación todos los días cuando trato con clientes, proveedores y compañeros de trabajo. He aprendido a tener compasión cuando alguien tiene problemas. He aprendido a preguntarme: «¿Qué haría Jesús?». He aprendido a tener fe en que Jesús me ayudará a tomar las decisiones correctas a lo largo de cada día de trabajo... y he aprendido que todavía soy cristiano, aún cuando lo eche todo a perder.

Quizá, la parte más inquietante acerca de integrar el cristianismo a mi vida profesional es la obligación de rendir cuentas. Nadie quiere ser un hipócrita y, si bien existen muchísimas personas que le desean el éxito, hay otras a quienes les gustaría señalar los fracasos; y eso está bien, porque si nos están observando tan de cerca como para vernos fallar, también nos están observando cuando demostramos nuestro cristianismo. Podríamos ser la única Biblia que lean.

Otro buen aspecto acerca de ser «un cristiano con audiencia» es que las personas criticarán sus elecciones, sus puntos de vista y sus creencias. Cuando nuestro cristianismo es algo que guardamos de una manera muy reservada, no hay mayores posibilidades de crecer. Sin embargo, cuando se nos examina todo el tiempo y nuestro cristianismo es algo que vivimos todos los días, nuestra fe se vuelve más fuerte y más centrada de forma natural.

Un ejemplo de nuestro compromiso de vivir los principios cristianos es el programa para compartir que tiene nuestra compañía. El programa participativo permite a nuestros empleados decidir por votación cómo compartiremos nuestra prosperidad con los menos afortunados. En la actualidad, donamos el 10 % de nuestras ganancias, antes de deducir los impuestos, a instituciones de caridad de nuestra comunidad y más allá. ¡Qué diferencia ha causado esto en nuestra compañía! A medida que los empleados contribuyen con sus ideas referentes a dónde compartir, ha aumentado su conciencia de cuántas necesidades quedan sin ser atendidas. Por el camino, algunos empleados han indicado su preferencia de colocar este dinero en nuestro programa de participación de beneficios en lugar de compartirlo con los más necesitados. En el acto de atender sus preocupaciones hemos tenido la oportunidad de compartir con ellos nuestras motivaciones y, durante el proceso, nuestra fe.

Sinceramente espero que *¡Por fin lunes! Integrando trabajo y fe* lo inspire a usted como lo ha hecho conmigo. También espero que al integrar el cristianismo a su vida entera encuentre la jornada tan estimulante y satisfactoria como yo. Nada puede resultar más gratificante que descubrir que uno está cumpliendo con su propósito cristiano todos los días de innumerables pequeñas formas y, en ocasiones, a lo grande, a medida que uno vive la vida cristiana… incluso en el trabajo.

Pat Wingen,
presidente y fundador de
AaLadin Industries. Inc.

Guía de estudio

Hemos incluido algunas preguntas para cada capítulo en esta nueva versión en rústica del libro *¡Por fin lunes! Integrando trabajo y fe* Si bien estas preguntas pueden servir para la reflexión y el estudio individual, el máximo valor proviene del intercambio enriquecedor en las discusiones de un pequeño grupo de trabajo. Podría pensar en formar uno de estos grupos donde usted trabaja y estudiar un capítulo cada vez que se reúna.

Estoy en deuda con Rich Case, un empresario de Colorado, quien tuvo la iniciativa de proponer y desarrollar estas cuestiones de discusión. Deseo que le sirvan para enriquecer su experiencia laboral y le ayuden a reafirmar *¡Por fin lunes! Integrando trabajo y fe*

Capítulo 1: Bajo la lupa de Peter Jennings

1. Confeccione una lista de algunas maneras específicas en las que sus creencias básicas tienen relación con el modo de realizar su trabajo.
2. ¿Reaccionaría entusiasmado o preocupado si una cadena de televisión nacional quisiera grabar un reportaje sobre cómo se relaciona su fe con la manera que usted tiene de hacer negocios? ¿Por qué? ¿Qué encontrarían si pudieran hablar libremente con cualquier persona de su empresa?
   - ¿Una historia emocionante de valores y fe?
   - ¿Una historia problemática de discrepancia entre los valores expresados y el comportamiento administrativo?
   - ¿No mucho al respecto?
   - Describa el panorama probable.
3. Piense en algunos conflictos que usted afronta de forma rutinaria entre el camino de la fe y el mundo práctico de los negocios. Describa uno.
4. ¿En qué sectores de los negocios opera usted como si la fe y el trabajo fueran mutuamente excluyentes?
5. Lea Nehemías 2:17-20. Nehemías recibió la tarea de regresar a Jerusalén después del cautiverio babilónico y reconstruir el muro (por cierto, una ambiciosa empresa).
   - ¿Cómo vio él la actuación de Dios en esta misión?

- ¿A quién acudió su equipo para lograr el éxito a fin de completar el muro? ¿Por qué?
- A su juicio, ¿cómo incorporó Nehemías sus profundas creencias a la misión?

Capítulo 2: Compañeros para toda la vida

1. Piense acerca de su historia personal. Elabore una lista con los puntos importantes de su vida (bifurcaciones en el camino, decisiones claves, tiempos de dificultad). ¿Cómo han influido en su vida y cómo lo han guiado por ciertas rutas para llegar adonde está usted hoy? Subraye el momento en el que usted reconoció a Cristo como su Señor y Salvador. (Si no ha dado este paso firme de fe, por favor, diríjase en esta misma «Guía de estudio» al punto 4 del capítulo 23, o adquiera el libro de Lee Strobel, *The Case for Christ* [*El caso a favor de Cristo*] como ayuda en su camino espiritual).
2. Describa su norma (su disciplina regular) de lectura y estudio de la Biblia. ¿La considera usted un deleite, una carga, o es, básicamente, inexistente? ¿Por qué?
3. Lea 2 Timoteo 3:16.
   - ¿Cómo describe Pablo, el escritor, las Sagradas Escrituras?
   - ¿Qué significa para usted la expresión «inspirada por Dios»?
   - Pablo señala por qué son útiles las Sagradas Escrituras. Cite ejemplos prácticos de lo que cada término significa, en la práctica, para usted:
     — enseñar;
     — redargüir;
     — corregir;
     — instruir en justicia.
   - ¿Cuál piensa usted que es el propósito primario de estudiar y entender las Sagradas Escrituras?
   - ¿Qué quiere decir que la Biblia «enteramente nos prepara para toda buena obra»?
   - ¿Cuál es nuestra buena obra en relación con el negocio? Piense un ejemplo.
   - ¿De qué maneras prácticas podemos integrar la fe a las actividades diarias de la empresa?
   - ¿Por qué el estudio diario de las Sagradas Escrituras resulta tan importante para este proceso?

Capítulo 3: Problemas en Camelot

1. Describa una ocasión de crisis o un problema que usted haya experimentado a lo largo de su vida, especialmente en su trabajo.
   - ¿Cómo ha reaccionado en tales ocasiones? ¿Por qué?
   - ¿Qué ha aprendido usted de la crisis o del problema que le pueda ayudar en el futuro?
2. Lea el Salmo 107.
   - ¿De qué clase de problemas habla el salmista?
   - En cada caso, ¿cómo lograron superar el problema aquellas personas?
   - En cada caso, ¿cuál fue la respuesta de Dios ante su clamor en demanda de ayuda?
3. Basado en estas verdades, elabore una lista indicando algunas maneras específicas como Dios quisiera que usted respondiera cuando afronte los problemas y el estrés en el trabajo.

Capítulo 4: La prueba de fuego

1. ¿Recuerda usted algunas ocasiones específicas en las que las pruebas y las dificultades le ayudaron a desarrollar una dependencia de Dios o le hicieron caer en la duda y la frustración? Describa una.
2. ¿Cómo definiría la soberanía? Mencione algunas de las ideas que tiene acerca de la soberanía de Dios.
3. Lea Romanos 8:28.
   - ¿Qué seguridad tenemos sobre la soberanía de Dios?
   - ¿Qué significa esto para el futuro de su negocio?
4. Lea Santiago 1:2-8.
   - ¿Cuál debería ser nuestra actitud hacia las pruebas?
   - ¿Cuáles son los propósitos de las pruebas en nuestra vida?
   - ¿Cómo describiría usted la perseverancia? ¿Por qué la perseverancia es tan importante para el desarrollo del carácter?
   - ¿De qué forma quiere Dios que nos acerquemos a Él mientras estamos pasando por las pruebas?

Capítulo 5: La mano invisible

1. Volviendo la vista atrás en su vida (refiérase a sus notas del capítulo dos), describa algunas experiencias que revelaron la mano invisible de Dios en el trabajo. ¿Pudo usted reconocer la acción de Dios en el momento?

2. ¿Hay algo que usted piense que Dios le está insinuando, apremiando o alentándole a hacer ahora? ¿En qué consiste esta lucha y qué sentimientos alberga sobre ello?
3. Lea Proverbios 3:5-8.
   - ¿Cuál es la clave para entender los caminos de Dios en el trabajo, la carrera o el negocio?
   - ¿Qué promete Dios a quien esté dispuesto a «no ser sabio en su propia opinión» (no asumir que sabemos lo que es mejor)?
4. ¿Está dispuesto a dejar de lado el trabajo o el negocio y confiárselo a Dios? ¿Qué se necesita para llevar a buen término esta batalla? Nombre alguna actividad que dejará de lado esta semana para confiársela a Dios.

Capítulo 6: Un calor extraño

1. A medida que Dios le está invitando a entablar una relación más plena con Él, ¿qué tipos de «muerte» ha encontrado personalmente? (¿Qué aspectos específicos, tribulaciones o razones de carácter lo atan y le impiden seguir adelante, hacia la libertad en la nueva vida que Dios le ofrece?).
2. Lea Colosenses 3:1-7.
   - ¿En qué debería enfocarse nuestra mente? ¿Por qué?
   - Elabore una lista con algunas de las acciones específicas que estos versículos nos indican, a fin de eliminar los aspectos de nuestro carácter que todavía pertenecen a la «naturaleza terrenal».
3. Describa en una oración la perspectiva general de su vocación.
4. Mencione algunas batallas que usted pueda estar librando entre 1) el deseo de estar sirviendo a Dios en actividades de ministerio y 2) comprender la naturaleza de ministerio del llamado al trabajo.
5. ¿Le gustaría fortalecer el compromiso con el llamado? Quizá albergue dudas sobre el propósito de Dios para su vida en el mundo de los negocios. De ser así, puede expresar esas dudas y se las puede confiar a Dios esta semana.

Capítulo 7: ¿Dos mundos o uno?

1. Cite un aspecto donde tenga tendencia a vivir en dos mundos separados: el espiritual y el secular.
2. Identifique la lucha principal que usted afronta al intentar integrar los dos.
3. Lea 1 Tesalonicenses 4:1-12.
   - ¿A qué nos llama Dios?
   - ¿Por qué nos llama a esto?

4. ¿Cómo se aplican estos versículos al criterio que tiene Dios de lo espiritual y lo profano? ¿De qué forma se cumplen sus propósitos al llevar una vida de fe integrada en el trabajo frente a vivir en dos mundos separados?

Capítulo 8: Guerra de culturas

1. Señale algunas situaciones donde usted considere que el lugar de trabajo se administra por la conveniencia y la ética de situación, a diferencia de serlo por los valores absolutos y la ley moral.
2. ¿Qué efecto han surtido los dilemas éticos en el propio ambiente de los negocios?
3. Lea el Salmo 19:7-14.
   - ¿De qué manera ve el salmista la ley y los valores absolutos de Dios?
   - ¿Cómo nos beneficia esto a nosotros?
   - ¿De qué manera dejamos que la soberbia (v. 13) entre en nuestra vida diaria?
4. ¿Es difícil para usted salir en defensa de la verdad absoluta en su negocio? ¿Por qué sí o por qué no?
5. ¿Qué otros pasos necesita dar usted para reconsiderar su perspectiva acerca de la verdad absoluta y la importancia de integrarla en su negocio?

Capítulo 9: La influencia griega

1. ¿Ha sido afectado usted por la cosmovisión dualista de la vida y los negocios (promulgada por filósofos griegos como Platón y Aristóteles, y hasta por teólogos cristianos como Agustín y Aquino), que sugiere que es imposible servir a Dios estando en los negocios? De ser así, cite uno o dos ejemplos específicos.
2. Describa en una oración su actitud acerca de ser una persona llamada a los negocios.
3. Mencione dos áreas (particularmente en el trabajo) en las cuales usted tiende a tener la cosmovisión de dividir la vida en dos aspectos, sagrado y laico.
4. Identifique algunas de las fuentes de esta manera de pensar en su vida.
5. Lea Juan 10:7-10.
   - ¿Qué ocurre cuando entramos por la puerta (Cristo) en su Reino?
   - ¿Qué significa esto para usted?
   - ¿Qué significa lo que dice Jesús, que Él vino para que tengamos vida en abundancia?

- ¿Cree usted que Cristo quiere que veamos nuestra vida en abundancia como un todo integrado y no dividido en compartimentos? ¿Por qué sí o por qué no?
- ¿Quiere dar ese paso para aceptar el compromiso? De ser así, apunte una situación que usted se comprometa a cambiar esta semana.

Capítulo 10: Una ventana diferente

1. ¿En qué forma es el dualismo un obstáculo para nuestra paz interna y nuestra efectividad en la vida?
2. Lea Génesis 1:10, 12, 18, 21, 31.
   - ¿Qué ha creado Dios?
   - ¿Cómo llama Dios a lo que creó?
3. Lea 1 Timoteo 4:4-5.
   - ¿Cuál es nuestra respuesta a esta percepción del mundo?
4. Lea 1 Tesalonicenses 5:16-22.
   - Reflexione sobre cómo Dios desea que veamos y desarrollemos nuestra vida como un todo integrado.
5. Lea 1 Tesalonicenses 5:23-24.
   - ¿Cuál es el resultado de cultivar nuestra vida de esta manera?
   - ¿Qué dice todo esto acerca de la cosmovisión de Dios para nosotros?
   - ¿Cuáles son las implicaciones de estos versículos en relación con nuestra manera de ver la vida, particularmente nuestro trabajo?
6. ¿Cómo puede esta cosmovisión cambiar lo que pensamos y hacemos en el trabajo?
7. Nombre dos beneficios que usted espera de este cambio.

Capítulo 11: La verdad imperecedera

1. Señale tres cualidades imperecederas que sean importantes para usted.
2. ¿De qué maneras son desafiadas estas cualidades por lo que usted encuentra en su ocupación?
3. Lea Daniel 6:1-28.
   - ¿Cómo describiría usted la vocación de Daniel?
   - ¿Por qué fue ascendido?
   - ¿Cuáles fueron sus cualidades sobresalientes?
   - ¿Qué le ocurrió al «sistema mundial» de su entorno?
   - ¿Cómo respondió Daniel?
   - ¿Cuál fue la consecuencia inmediata de haberse mantenido firme en sus principios?
   - ¿Cuál fue el resultado a largo plazo?

- Si Daniel no hubiera sido rescatado, ¿hubiera cambiado el punto clave de la historia? ¿Por qué sí o por qué no?

4. Cite una de las cualidades de Daniel que a usted le falte en la vida. ¿Qué paso específico siente usted que debe dar para edificar esa cualidad? Comprométase a dar ese paso esta semana.

Capítulo 12: Valor infinito

1. Describa en una oración cómo tiende usted a estimar a sus empleados o a sus compañeros de trabajo.
2. ¿Cómo perciben sus empleados que son vistos por la compañía?
3. ¿Existe alguna diferencia entre estas dos perspectivas? ¿Por qué?
4. Lea 1 Pedro 2:13-17.
   - ¿Cuál piensa que es la voluntad de Dios para usted?
   - ¿Qué medidas que usted haya adoptado en el pasado han resultado exitosas para crear buena voluntad y mostrar el debido respeto a los empleados de su empresa? Enumere tres acciones creativas que usted podría emprender para crecer más en este aspecto (políticas y programas específicos para mejorar y promover el valor de los individuos).

Capítulo 13: Los planos

1. Identifique (usando una frase para cada uno) lo que usted crea que son su llamado, su don y su esfera principales.
2. ¿Qué pasos está dando ahora para animar a los empleados con quienes trabaja a fin de que comprendan su singular destino en Dios? ¿Qué pasos piensa que necesitan darse?
3. Nombre dos o tres beneficios que se puedan obtener si les ofrece a sus empleados un contexto para su crecimiento y les permite conocer y entrar en el diseño de Dios para su vida.
4. Lea 1 Corintios 12:27-31 y Efesios 4:11-12.
   - ¿Cómo deberíamos ver la manera en que Dios puso a cada persona en la Iglesia?
   - ¿Cuál es su conclusión basándose en estos pasajes?
   - ¿Cómo se beneficia su compañía con la determinación de considerar a las personas como excepcionalmente dotadas?

5. Nombre una manera como usted podría mejorar el proceso de 1) identificar las habilidades y los dones de los individuos y 2) colocar a las personas de acuerdo con ello.

Capítulo 14: Problemas, problemas, trabajos y problemas

1. Piense en alguna ocasión en la que usted dejó que el enojo o el orgullo lo separara de un compañero de trabajo, un supervisor, un subordinado, tal vez un proveedor o un cliente o alguien más de su empresa. ¿Cuáles fueron las causas y cómo se resolvió? Si no se resolvió, ¿por qué?
2. ¿Qué circunstancias externas amenazan su negocio ahora mismo? ¿Cómo está reaccionando usted? ¿Qué subyace en la raíz de su reacción?
3. ¿Cómo puede desarrollar una respuesta positiva y proactiva en lugar de una defensiva y negativa?
4. Lea 1 Samuel 17:1-54.
   - ¿Cuáles eran las circunstancias que amenazaban a Israel?
   - ¿Cuál fue la respuesta de David a esas circunstancias (vv. 26, 29, 32)?
   - ¿Qué armas rehusó usar David en la batalla y con qué «competencias claves» derrotó David a Goliat?
   - ¿Cuál era la verdad que estaba en el corazón de la fe de David (v. 47)?
   - Ponga un ejemplo de cómo podría aplicar usted esta comprensión en sus circunstancias.
5. Para el estímulo y la discusión adicionales, medite sobre el Salmo 112 y sobre 2 Crónicas 20:1-12.

Capítulo 15: La empresa compasiva

1. Mencione una situación en la que usted tuvo que equilibrar los principios bíblicos de compasión y responsabilidad en su negocio.
2. Identifique dos aspectos donde usted necesite equilibrar mejor estos principios en el lugar de trabajo. ¿Qué pasos puede dar esta semana para implementar la mejora?
3. Lea Lucas 10:25-37.
   - ¿A qué se debió la renuencia del sacerdote y del levita a ayudar al hombre que estaba en problemas?
   - ¿Cuál fue la diferencia clave en el samaritano?
   - ¿Cómo respondió el samaritano a lo que vio y sintió?
4. Nombre una situación a la que usted se esté enfrentando ahora mismo que requiera compasión.
5. ¿Cómo gestiona en la actualidad los despidos? ¿Cómo puede usar la compasión en este proceso?
6. ¿De qué maneras puede extender su compañía una mano compasiva hacia su comunidad? ¿Cómo reaccionarían los compañeros de trabajo a tal iniciativa?

Capítulo 16: Servicio extraordinario

1. Piense en una acción que usted pudiera emprender, desde su posición laboral, que pueda encuadrarse en la categoría de servicio extraordinario.
2. ¿Cuenta su organización con un potencial básico que refleje el mandato bíblico de proveer el servicio extraordinario? ¿Por qué sí o por qué no?
3. ¿Podría poner algunos ejemplos? ¿Cómo han beneficiado estos al negocio?
4. Lea Marcos 10:35-45.
   - ¿Cuáles eran los deseos personales de los discípulos?
   - ¿Qué dijo Jesús respecto de sus deseos, cuando los convocó a ese «momento de enseñanza en grupo»?
   - ¿Cómo transformaría usted esto en un principio para su empresa, a fin de desarrollar un servicio extraordinario?
5. ¿Qué programas se están desarrollando (o necesitan activarse) para capacitar a su personal para que pueda ofrecer un servicio extraordinario? Si se está llevando a cabo ya algún tipo de formación, ¿qué resultados aprecia usted?

Capítulo 17: Cómo devolver algo de lo recibido

1. Exprese en una oración lo que usted crea acerca de que su compañía devuelva algo de sus ganancias.
2. Exprese en una oración su definición y perspectiva de la mayordomía.
3. Lea Deuteronomio 15:7-10, Proverbios 3:9-10 y Malaquías 3:10.
   - ¿De qué actitud desea Dios que nos guardemos?
   - ¿Qué actitud desea Él que aprendamos a disfrutar?
   - ¿Qué promete Dios como resultado de tener esa actitud?
   - ¿Qué reto nos presenta Dios y qué nos promete si le obedecemos?

4. Nombre dos o tres maneras que tenga usted de practicar el principio de generosidad y maximizar el potencial de los recursos que Dios le ha confiado.
5. Indique alguna forma creativa en la que podría utilizar su posición en los negocios a fin de influir en la comunidad comercial para orientarla hacia el Reino de Dios. ¿Qué paso puede dar ahora hacia esta meta?

Capítulo 18: Un ejercicio de equilibrio

1. ¿De qué maneras promueve o desanima su empresa el equilibrio entre el trabajo y la familia en las siguientes áreas?:
   - Exaltar a la familia como un valor fundamental.
   - Afirmar la prioridad de la familia sobre el trabajo.
   - Maximizar el tiempo que se pasa con la familia.
2. Lea Deuteronomio 6:1-9.
   - ¿A qué nos manda ser obedientes este pasaje?
   - ¿Qué significa esto?
   - ¿Qué acciones espera Dios que emprendamos en cuanto a nuestra obligación de inculcar sus principios en nuestra familia?
   - ¿Qué quiere decir esto, en lo referente a equilibrar el trabajo y la familia?
3. Piense en un enfoque orientado a la familia que usted podría introducir en su empresa para promover este equilibrio. ¿Cómo sería?

Capítulo 19: El consejero corporativo

1. ¿Qué papel juega la oración en su vocación? ¿Y en el funcionamiento de su negocio? ¿Se dan oportunidades regulares en su compañía en las que la oración corporativa podría ser apropiada para los empleados y los compañeros de trabajo? Descríbalas.
2. ¿Encuentra que es una respuesta natural en usted acudir a Dios mediante la oración en las situaciones diarias del negocio o supone la oración un esfuerzo para usted? Si supone un esfuerzo, ¿qué medidas sugiere para superarlo?
3. Señale dos respuestas específicas a sus oraciones que haya reconocido en su negocio.
4. Lea 2 Crónicas 1:7-12 y Santiago 1:5.
   - ¿Qué pidió Salomón cuando tuvo la oportunidad de pedir cualquier cosa?
   - ¿Cómo respondió Dios? ¿Por qué?
   - ¿Cuál debería ser la oración continua para nuestros negocios?
   - ¿Qué debería esperar usted?
5. ¿Cómo puede promover usted oportunidades para orar con los demás por su negocio en la compañía? ¿Cuál es el siguiente paso que debería dar hacia esta meta?

Capítulo 20: La dirección del negocio: visión

1. Defina en una oración su particular «visión persuasiva».
2. Defina en una oración la visión persuasiva de su compañía.
3. ¿De qué manera guían su negocio estas dos declaraciones?
4. Lea Nehemías 1:1-11; 2:17-18.
   - ¿Cuál era la visión persuasiva de Nehemías? ¿Por qué era importante?
   - ¿Cómo logró desarrollarla?
   - ¿Cómo la comunicó?
   - ¿Cómo respondieron los demás?
5. Si usted no comprende por completo la visión persuasiva de su compañía, ¿cómo puede desarrollarla con claridad?
6. Una vez que usted tenga una visión clara de la compañía (o si ya la tiene), ¿cómo puede promoverla e inculcarla plenamente en la organización? ¿Por qué resulta esto tan importante?

Capítulo 21: La dirección del negocio: valores

1. Escriba dos o tres valores fundamentales de su compañía.
2. ¿De qué maneras estimula usted en la actualidad a sus empleados para que adopten estos valores y los sigan? ¿Sería necesario adoptar otras medidas para hacerlo mejor? De ser así, cite un par de las que empezarían el proceso.
3. ¿Cómo recibe usted los comentarios respecto de cuán bien se adhieren a estos valores los ejecutivos y empleados?
4. Lea Mateo 7:24-27.
   - ¿Qué le pasa a algo que se construye sobre material movedizo y suelto? ¿Y si se construye sobre una base sólida?
   - ¿Cuál es la razón por la que un fundamento sólido promueve la supervivencia y la estabilidad?
   - ¿En qué sentido construir su negocio sobre valores fundamentales es como edificar sobre la roca sólida?
5. Piense en una situación que lo desafíe a mantenerse firme en sus valores, en lugar de ceder a la conveniencia. Descríbala.
6. En este momento, ¿qué es lo que necesita con mayor urgencia para restablecer sus valores fundamentales o promoverlos mejor? ¿Por qué?

Capítulo 22: ¡Por fin lunes! Integrando trabajo y fe

1. Elabore una lista de los conceptos claves en *¡Por fin lunes! Integrando trabajo y fe* acerca de tener un fresco fervor por su trabajo. Consulte la sección «Conceptos claves» de este capítulo.
2. Lea Deuteronomio 26:16-19 y Josué 11:15.
   - ¿Qué le ordenó hacer Dios a Moisés, y más tarde a Josué?
   - ¿Qué les prometió Dios si obedecían su orden?
   - ¿Qué hicieron ellos?
3. De los conceptos listados en la primera pregunta, identifique uno que esté funcionando bien en su vida actualmente (un éxito), y uno con el que usted esté luchando por instituir en su vida y trabajo.
   - ¿Qué pasos le ayudarían a ganar la batalla? Mencione dos.
   - ¿Qué paso dará usted esta semana?

Capítulo 23: El objetivo final

1. Exprese en una oración el propósito máximo de Dios para su pueblo.
2. Lea Mateo 6:33-34.
   - ¿Cuál quiere Dios que sea nuestra máxima prioridad?
   - ¿Qué significa el término 'Reino'?
   - ¿Cómo es que buscar ante todo el Reino de Dios cumple con su máximo propósito?
   - ¿De qué maneras prácticas buscamos el Reino de Dios?
   - ¿Cuál es el resultado de buscar en primer lugar a Dios en todo lo que hacemos?
   - ¿De qué tipos de asuntos relativos a nuestros negocios podemos contar que Dios se encargará?
3. ¿Qué cambios específicos, en cuanto a actitudes o prioridades, piensa usted que Dios le está pidiendo que acometa para que pueda realizar su máximo propósito? Nombre uno o dos y comprométase a seguirlos hasta el final.
4. Vuelva a leer la historia de Bud de este capítulo. ¿Puede usted decir, con confianza, que ha entrado en una relación personal con el Señor? De no ser así, puede hacerlo ahora. Abra su corazón para recibir la salvación de Dios y rece esta oración:
   Te pido perdón, Señor Jesús, por andar separado de ti, y pido que me ayudes a apartarme de mi vieja vida y a regresar a ti.
   Te recibo como el Hijo de Dios que eres y quien, a través de su muerte y resurrección, me da vida nueva. Por favor, restaura la relación que has deseado siempre mantener conmigo. Sé mi Señor.

Gracias porque Tú me escuchas cuando clamo a ti, porque Tú me recibes tal como soy. Gracias por permitirme ser tu seguidor y miembro de tu familia. Dame la fuerza para caminar contigo cada día, y lleva mi vida por caminos que te sean agradables. Amén.

Capítulo 24: Embajadores en el mundo de los negocios

1. Escriba la definición del término 'embajador'.
2. Describa lo que es ser un embajador para Cristo en el más amplio contexto del mundo empresarial.
3. Lea 2 Corintios 5:14-21.
   - ¿Cuál debería ser el principal factor motivador de todo lo que hacemos?
   - ¿Cómo debemos ver a las personas de nuestro entorno?
   - ¿Cuál es el propósito de nuestro ministerio como embajadores?
   - ¿Qué nos ocurrirá como resultado de nuestra participación en este proceso?
4. ¿De qué maneras específicas cree usted que Dios lo está llamando para que sea su embajador en el trabajo donde Él lo ha colocado?
5. ¿Qué pasos puede dar para moverse en esta dirección?